JUAN LARREA HOLGUÍN

LA AMISTAD, LA UNIVERSIDAD Y LA INVESTIGACIÓN

Juan Carlos Riofrío Martínez-Villalba

Quito, 2016

(2ª edición)

Universidad de Los Hemisferios

Juan Larrea Holguín, la amistad y la universidad ecuatoriana
© 2015 Juan Carlos Riofrío Martínez-Villalba

Primera edición, 2015
Segunda edición, 2016
ISBN: 978-9942-20-883-5

Impreso en Quito, Ecuador

Servicio de publicaciones de la Universidad de Los Hemisferios

PRÓLOGO

El presente libro es fruto de una recopilación de diversos artículos que han sido publicados en la Revista *Colloquia* de la Universidad de Los Hemisferios, y de otros que aquí han sido retocados para darle una mayor fluidez a la lectura. Además consta la transcripción de una grabación de la voz del queridísimo Mons. Larrea, realizada en una tertulia donde comentó cómo halló, con Francisco Salazar, el cuerpo perdido del Presidente Gabriel García Moreno. La espectacular historia del hallazgo parece una novela de policías. Todos estos escritos muestran, a su manera, el perfil académico, amigable y jovial de Juan Larrea, que fue un modelo para quienes nos dedicamos a la enseñanza.

Quizá resulta un poco disparejo el estilo del primer artículo relacionado con la música y la amistad, escrito en tono más ameno y divertido. Inicio con este texto, porque ofrece una buena aproximación a la figura de Mons. Larrea. Si se leyeran primero los escritos relacionados con la vida universitaria, quizá daría la impresión de que hablamos de una excelsa y encumbrada figura que está tan por encima del común de los mortales, que resulta inalcanzable e inaccesible. Y eso no era Mons. Larrea, sino todo lo contrario. Después de describir quién fue como amigo, ya podemos enterarnos quién fue en la academia.

Agradezco a Mons. Antonio Arregui, a la Arquidiócesis de Guayaquil, a la Universidad de Los Hemisferios y a la Editorial Justicia y Paz por haber hecho posible la publicación de esta parte de la vida de quien ha sido el jurista más prolífico del Ecuador, un insigne profesor universitario, un gran amigo y un gran santo: Mons. Juan Larrea Holguín. Y sin más preámbulos, pasemos a ver una parte de su vida.

La música, los filósofos y la amistad

Tres clases de personas son las que mejor parecen captar el valor de la amistad: los filósofos, los artistas y los amigos. Los filósofos desde la hondura de su pensamiento descubren la esencia de la amistad, su peso, causas y efectos. Así, por ejemplo, Aristóteles ha observado que «el amigo es el más valioso entre todos los bienes exteriores, puesto que sin amigos nadie puede vivir» (Ética nicomaquea, VIII). Desde otra perspectiva muy distinta los artistas también han sabido recoger muchos aspectos de intimidad y camaradería que se dan en una atmósfera de aparente naturalidad, como «esos buenos momentos que pasamos sin saber» (Enanitos Verdes). La misma Oda de la Alegría fue compuesta para celebrar a «quien logró el golpe de suerte de ser el amigo de un amigo». Frente a la visión teórica de los filósofos y a la emotiva de los artistas, está la perspectiva vivencial. ¿Quién puede decir mejor qué es la amistad sino el amigo? Quizá éste no sea muy agudo de cabeza, ni sepa expresar la amistad en canciones, pinturas o poemas, pero será él quien mejor la defina con sus abrazos y sus risas, con sus desvelos y sacrificios, y hasta con sus mismas quejas. Más vale tener un amigo, que saber qué es la amistad.

Dentro de los millones de "amigos" que hay en el mundo, hemos escogido uno con una vida absolutamente extraordinaria. Este es Juan Larrea Holguín. Al hilo de sus conmovedoras anécdotas, de la música y de la filosofía atravesaremos las tres etapas de la amistad: su nacimiento, su cultivo y la eternidad.

Abrirse a nuevos mundos

«Do you need anybody? I need somebody to love», cantaban los Beatles. Todos desean amar y ser amados. Fuimos creados para amar y nuestro espíritu está inquieto hasta saciar este apetito. La amistad no es un accésit, ni un artículo de consumo, ni menos un producto de lujo. Nadie puede vivir sin amigos, decía Aristóteles, pues representan una imperiosa necesidad de naturaleza. Quien tiene menos amigos es menos humano; el solitario o es un dios o una bestia. Por eso da tanta alegría encontrar un amigo. Quien lo encuentra, como dice el refrán, halla un tesoro: descubre un nuevo mundo de sorpresas, un pozo lleno de proyectos de vida, «un plan para que se hagan realidad los sueños que soñábamos antes de ayer» (La oreja de Van Gogh). En el amigo se cumple a la letra el *«build my world of dreams around you, I'm so glad that I found you»* (Jackson Five).

Lo primero en la amistad es el encuentro. En la calle aguardan multitudes *«just waiting on a friend»* (Rolling Stones). Todos quieren tener «un millón de amigos» (Roberto Carlos). Y, sin embargo, la gente a veces tiene pocos amigos porque no sale al encuentro. Se cierran, claudican como personas, ya sea por soberbia, ya por simpleza, ya por pusilanimidad. No nos referimos aquí al sentimiento de pequeñez que, según C.S. Lewis, se siente frente al amigo: un amigo siempre es grande en algún sentido. Nos referimos, más bien, a la pusilanimidad que cohíbe, que frena e impide proponer una conversación a un político importante, a una celebridad o a un empresario de caudales. Otras veces lo que imposibilita la amistad son las ínfulas de grandeza y la pedantería. El que de entrada mira hacia abajo a quienes le sirven, a las personas de menor prestigio, cultura o escala social, o a quienes cuentan menos años, en el acto levanta una barrera insalvable para la amistad. Por último están los simplones, aquellos a quienes simplemente no les interesa la vida de los demás: ya están cómodos, ya nada necesitan. Sólo para un condenado «el infierno son los demás» (Sartre).

Juan tenía muchos amigos porque mucho los buscaba. La gente que más le trató afirmaba que dos eran sus principales virtudes: su enorme preocupación por los demás y su extremada delicadeza en el trato. Juan fue todo: abanderado (por ser el mejor alumno en el colegio), Premio La Salle, Premio Nacional Eugenio Espejo, Premio Tobar… (los premios más significativos del Ecuador) escritor de más de cien libros, abogado ilustre, mejor jurista del país, doctor *honoris causa* varias veces… a media vida recibió las órdenes y fue obispo de importantes diócesis, etc. Pese a tanto título siempre supo tratar a pobres y ricos, a cultos e ignorantes, a jóvenes y viejos con la mayor sencillez, «con ambiente festivo, con buen humor, sin ningún empaque de solemnidad», según había aprendido de san Josemaría. Desde niño supo hacerse amigo de los amigos de sus padres, hacerle conversa a aquellos que coincidían con él en el barco o en el avión, interesarse por la vida de sus compañeros de profesión, pasarlo bien con sus estudiantes, con sus feligreses y con gente de toda edad y condición. Se interesaba por todos, conocidos y desconocidos. Sin presentación previa escribió a muchos políticos, obispos y empresarios para felicitarles por las obras desarrolladas en servicio de la sociedad. Lo hacía pensando que «cuando uno hace algo mal, todos le caen; pero cuando se hacen obras buenas y hasta heroicas, nadie dice nada». Con tal convencimiento les escribía para animarles y afianzarles en sus decisiones. De esas cartas nacieron muchas valiosas amistades.

Quien desconfía no se acerca, ni llega nunca a encontrar un amigo. ¡Cuántos por ahí no suplican «*to have a little faith in me*» (Joe Cocker)! Juan confiaba en la gente y la gente se hallaba a gusto a su lado. Se sentían tan a sus anchas que con frecuencia le discutían cualquier asunto jurídico, sin arredrarse ante su prestigio intelectual. Muchos estudiantes y abogados objetaron su parecer en la clase o en el foro nacional, sosteniendo incluso tesis contrarias a la moral. Nada de esto fue obstáculo para que terminaran siendo buenos amigos. Tanto llegaron a estimarle, que un buen día los miembros del partido opuesto a sus convicciones le pidieron que les redactara sus propios estatutos. Juan sabía cosechar amistad hasta de los encuentros más hostiles.

Pero aún esto es decir poco. La preocupación de Juan por el prójimo le desbordaba. Un día iba en su pequeño Volkswagen por la sierra ecuatoriana y divisó dos indígenas que en el camino peleaban furiosamente, piedra en mano. Ya corría sangre por la cara de uno. Paró, se bajó y con prisa fue a separarlos. Al acercarse percibió que apestaban a alcohol. A pesar de su ebriedad, reconocieron la presencia del sacerdote y repusieron: «perdonarás, no más, padrecito, borrachos estamos». Juan dio fin, a las bravas, a esa pelea que pudo terminar en crimen. Otro día, en el mismo camino vio un grupo de campesinos apiñados en torno a algo o alguien. Intrigado paró el carro y averiguó que una indiecita acababa de dar a luz una niña ahí en el camino; iba apresurada al pueblo, caminando, y no alcanzó a llegar. Monseñor recogió a la madre y a la recién nacida, y las llevó a su humilde casita a dos o tres kilómetros del lugar. Ambas quedaron sumamente agradecidas. Para encontrar amigos muchas veces hay que frenar a raya el carro de la vida, bajarse un segundo e interesarse por los demás.

Viendo tan buenos ejemplos, a aquellos timoratos, simplones o soberbios que recelosos aún no se abren a los demás, cabría preguntarles «¿por qué no ser amigos, estar unidos, vivir sin miedo y en libertad?» (Hombres G). ¡Basta de ponernos barreras!

I'll be there for you

El encuentro del amigo es lo primero, pero es solo un instante, una pequeña semilla capaz de germinar o morir. Para que eche raíces se ha de contar con el tiempo: tiempo para compartir, tiempo para ayudar, tiempo para pelear, tiempo para consolar… Sin tiempo no hay más que futuribles, amigos probables, compañeros de ocasión.

La frase que más se repite en las canciones de amistad es «*I'll be there*» (The Rembrandts, Divas, Jackson Five, Bon Jovi, etc.). Muchas veces se puntualiza «*I'll be there for you*». Y esto es esencial a la amistad: estar ahí, gastar el tiempo. Aristóteles señalaba que «es connatural a la amistad compartir la vida con los amigos» (Ética nicomaquea, IX). Por eso suena tan normal oírles decir: «te estaré escuchando aunque no te pueda ver» (Alex Ubago), «no estarás ya solo, yo estaré» (Laura Pausini), «sé que es difícil, pero yo estaré aquí» (Belanova).

Quien sólo mira sus cosas no tiene amigos. «Son mis amigos, en la calle pasábamos las horas; son mis amigos por encima de todas las cosas», canta Amaral. Y en verdad, quien desea tener amigos, debe ponerlos como fin, dejando otras cosas: ha de salir temprano del trabajo, dormir algo menos las noches, dedicarles parte del fin de semana, dejar otras actividades para ir con la pandilla a echar unas risas.

Sin descuidar los estudios, desde joven Juan aprendió a gastar horas, tardes y fines de semana con sus compañeros; a visitarles, a escribirles, a estar pendiente de sus grandes y pequeños sucesos. Especialmente intensa tornó su vida social en Roma, al cursar la carrera de leyes en la famosa Universidad de la Sapienza. Ahí tuvo la fortuna de conocer a san Josemaría, quien le cambió la vida. Con él intimó, dio paseos por la Ciudad Eterna y aprendió a profundizar en la amistad buscando lo que une, evitando lo que separa. Como a Juan le gustaba escalar montes, durante toda su vida llevó a muchos de sus amigos a este plan. Era la ocasión para charlar horas y horas sobre temas humanos y divinos. La conversación se iba al cielo… Una vez tuvo un despiste. Mientras subía sintió un dolor en los costados de ambos pies, que fue incrementando a cada paso. En la cima descubrió el motivo: ¡se había puesto los zapatos al revés! Estaba tan metido en la conversación, que esta "pequeñez" se le había pasado…

En las Navidades no escatimaba tiempo para tener detalles con los amigos. En estas fechas escribía tarjetas de felicitación —durante años a mano— a más de 200 personas. También procuraba llamarles en su cumpleaños y dedicar tiempo a todos en las reuniones. Una vez fue condecorado en la Pontificia Universidad Católica del Ecuador por su aporte a la ciencia del Derecho. En el agasajo fue llamativo verle no sólo con las grandes eminencias y figuras del momento, sino también con los estudiantes que se le acercaban y con todo el que quería hablar con él. La verdadera amistad no mide fuerzas. «Tal vez hay seres más inteligentes, más fuertes y grandes también (tal vez); ninguno de ellos te querrá como yo a ti, mi fiel amigo» (Toy Story).

La amistad se manifiesta «alegrándose con el que se alegra y condoliéndose con el afligido», decía Santo Tomás, porque «cuando alguien ve a otros contristados de su propia tristeza, se hace como una ilusión de que los otros llevan con él aquella carga, como si se esforzaran en aliviarle del peso, y, por eso, lleva más fácilmente la carga de la tristeza» (Suma Teológica I-II, q. 3, a. 3). En ese sentido Juan procuró asistir a los entierros de los parientes de sus amigos, sabiendo lo que para ellos significaba, y nunca entendió a un individuo que por norma decidió jamás asistir a estos eventos. Quizá en la visita no se cruzaban muchas palabras, pero era el hecho de estar ahí. En esas ocasiones, como dice Roberto Carlos, «no preciso ni decir todo esto que te digo, pero es bueno así sentir que yo tengo un gran amigo». Además, como sacerdote asistió a gente de toda clase, fama y posición social en el lecho de muerte, incluso aunque hubieran sido sus "enemigos políticos" —de corazón Juan no los tenía—, logrando verdaderas conversiones de último momento.

El néctar de la amistad

El núcleo más primordial, la quintaesencia de la amistad, su extracto más puro, es buscar el bien del amigo. De ahí que los amigos de borracheras no sean tan amigos que digamos. Un amigo de veras nos empuja, nos lanza hacia la cima, nos mueve a dar lo mejor. Uno "se las arregla" (*get by*) «*with a little help from my friends*» (los Beatles); uno se eleva (*get high*), se anima a intentarlo (*I'm gonna try*) con ellos. La amistad se cifra en un crecimiento moral. Siguiendo a los filósofos griegos, Leonardo Polo afirmaba que los hombres justos y virtuosos eran los más capaces de amistad, porque quieren el bien verdadero (en primer lugar el bien del hombre) y porque son más capaces de darlo. Así se entiende por qué resulta tan común equiparar los hombres buenos a los amistosos, y por qué resultaba tan fácil a Juan ganarse amigos: tenía una cabeza prodigiosa, una conducta intachable, se desvivía por los demás… Si «un amigo es una luz brillando en la oscuridad» (Enanitos Verdes), él era esa luz. ¿A cuántas personas no aconsejó para que reformaran su vida? ¿A cuántas no animó a dar lo mejor de sí, a emprender proyectos profesionales ambiciosos, a ser generosos con Dios y con la Patria? Piénsese en las decenas de libros que sus amigos escribieron con él, en la atención sacerdotal que mantuvo con miles de personas, en todas esas confidencias personales tan alentadoras… A todos decía con sus gestos «toma mi mano» (Belanova), «cuenta conmigo cuando ni contar pudieras», «somos amigos tócame a la puerta» (Juan Luis Guerra). A la vez, quienes se le acercaban podían contestar: «tienes ese don de dar tranquilidad, de saber escuchar, de envolverme en paz» (La oreja de Van Gogh), o simplemente «*you make me live… I'm happy, happy at home. You're my best friend*» (Queen).

No se crea que Juan sólo buscaba los bienes celestiales para sus amigos. En realidad deseaba que todos estuvieran bien en todos los sentidos imaginables. Su cariño descendía a los detalles más nimios. Por modestia, Juan no solía hablar de sus hazañas, ni de sus títulos, ni de nada que le produjera vanagloria. Pero cuando lo nombraron Obispo Castrense vio que el montañismo interesaba tanto a los militares, que por hacerles amena una y cien tardes se pasó largos ratos narrándoles cómo había escalado los más altos picos ecuatorianos. Su amistad no conocía rigorismos, no tenía nada de acartonado. Otra anécdota. Unas horas antes de morir quien le ayudaba con el oxígeno estaba muy tenso, pues el paciente respiraba pésimo. José recuerda que Juan tomó un recipiente metálico pequeño que había sobre la cama y se lo puso a manera de casco, mientras decía: «soy un pequeño soldadito de Cristo». Ambos rieron y el que le acompañaba en el lecho de muerte tuvo un rato de paz.

Pero la amistad es más que una limosna al pobre. Lo esencial de la amistad es el amor recíproco (Sócrates, Platón, Aristóteles). A diferencia de la benevolencia, implica un dar y recibir bienes, un regalar y dejarse regalar. «*I'll be there for you… cause you're there for me too*» (The Rembrandts). «De todos modos, no es noble estar ansioso de recibir favores, por más que igualmente hemos de evitar ser displicentes por rechazarlos» (Ética nicomaquea, IX). Tampoco aquí Juan padeció del rigorismo del "perfecto" que no acepta ningún favor. De buen gusto agradecía los regalos que le hacían aunque con frecuencia no los usara él; si le ofrecían condecoraciones y elogios no los rehuía, aunque alguna vez se le escapó que todo eso le costaba. En cierta ocasión, siendo ya obispo, asistió a una reunión de gente de abolengo ante las que aceptó beber un licor de muchos grados, por insinuación de un amigo. Paquito le ofreció una grappa, que Juan aceptó y hasta repitió una vez.

Señaló que aunque había vivido muchos años en Italia y Argentina, jamás había probado ese licor típico de aquellos lugares, con lo cual Paco salió el doble de feliz por haber podido dar este gusto a su invitado.

C.S. Lewis observa que los artistas pintan a los amantes *«face to face»*, mientras a los amigos *«side by side»*. Y esto es lo propio de la amistad: compartir gustos, proyectos, aspiraciones, enojos… Sólo es amigo el que busca lo que une, las cosas guardadas en común. Un amigo puede decir: «en las cosas que vives, yo también viviré» (Laura Pausini). Un gesto muy apreciado en el mundo intelectual es leer lo que escriben los amigos. Juan leía los libros que sus conocidos publicaban con gran interés y les hacía llegar su comentario por escrito. Hoy se conservan cientos de estas cartas. Un gesto heroico fue el que tuvo por su amigo José Rumazo: Juan se leyó los siete tomos que escribió sobre "La Parusía", de unas ochocientas páginas cada uno, le hizo los respectivos comentarios, luego promovió y logró su publicación, y muchos años más tarde animó a otros a que reactivaran ese proyecto del amigo, que ya iba quedando en el olvido. Los escritores notaron mucho su afecto. Por eso no extraña que de los 1264 libros que tenía en su biblioteca al morir, más de la quinta parte tuvieran dedicatorias muy sentidas de los autores dirigidas a "Juanito".

«We share memories», cantan Brightman y Carreras en *Friends for life*, y Celine Dion titula a una de sus canciones *Je ne vous oublie pas* (no te olvidaré; Gloria Estefan tiene otra semejante). En ella añade: *«Je ne vous oublie pas, non, jamais, Vous êtes au creux de moi»* (jamás te olvidaré, estás en lo más profundo de mi). Los amigos no olvidan. «De tantas cosas que perdí, diría que sólo guardo lo que fue mágico tiempo que nació en abril» (Alex Ubago). Y es que algo muy característico de quienes se aprecian es sentir ese *«you are always on my mind»* (Elvis Presley). Muchos se han sorprendido al ver que decenas de años más

tarde Juan seguía recordando pequeñas anécdotas sucedidas en la oficina, en la calle o en el aula. En cierta reunión él se le acercó a un diputado que había sido su alumno y que cuarenta años atrás había defendido en clase el divorcio. Esta persona, que no había cambiado de parecer, estaba ahí con la única mujer de su vida. «¡Viste, Enrique, cómo el matrimonio era para siempre!» dijo, y ambos sonrieron.

La amistad es una varita mágica que transforma lo aburrido, lo estúpido y sin sentido, en el momento más sensacional de la existencia. Los amigos invitan a «vivir la vida de emoción en emoción» (Timbiriche, Somos amigos). La pobreza de la juventud, las incomodidades del vecindario, un funesto paseo en donde todo sale mal se convierten en las más simpáticas anécdotas que recordarán los amigos matándose de risa. Hasta las disputas llegan a ser ocasión de unión y crecimiento. «Es mala señal que la amistad no sea capaz de mantenerse con opiniones diversas; o que el disidente (*hostis*) pase a ser *inimicus*. El contraste de opiniones no es enemistad, sino ocasión de rectificar, de corrección práctica» (Polo). Un verdadero amigo quita hierro a las contrariedades, sabe poner un punto de broma en la discusión. Alguna vez Juan comentó que una noche tuvo que sufrir las ruidosas campañas electorales de un famoso político del partido Liberal Radical, el Dr. Raúl Clemente Huerta en Ibarra. Como no conciliaba el sueño, tuvo que cambiarse de cuarto. Cuando vio al candidato le comentó en broma que sus campañas le habían sacado de la habitación «y él recogiendo la broma, se daba un pequeño golpe de pecho cuando nos encontrábamos. Pasado el tiempo, mi amigo se encontraba muy enfermo en Guayaquil; lo visité varias veces llevándole consuelo cristiano y finalmente recibió los sacramentos y murió ejemplarmente», escribió Juan.

Un amigo para la eternidad

Al final de su vida Juan anotó que había aprendido de san Josemaría «el amor a la libertad, el respeto a la opinión ajena y, consiguientemente, la necesidad de comprender a las personas como son, tratarlas a todas con respeto y procurar su amistad, convencidos de que ésta es un tesoro apreciabilísimo. Con la amistad, se puede hacer mucho bien a los demás y recibimos también magníficos ejemplos de toda clase de personas». Y se ve que aprendió bien la lección, porque cuando falleció el 27 de agosto de 2006 muchísimas personas le lloraron, mientras la banda del ejército entonaba la marcha fúnebre. «*I won't cry, I won't cry; no, I won't shed a tear, just as long as you stand, stand by me*» (Ben E. King). Juan había partido. Ya no estaba. Sobraban motivos para llorar.

Pero el amor no puede morir. El amor reclama la eternidad, no tolera el fin del tiempo. «Amigos para siempre, *means you'll always be my friend. Amics per sempre, means a love that cannot end. Friends for life, not just a summer or a spring*» (Sarah Brightman y José Carreras). Allá en la eternidad los verdaderos amigos nos esperan con los brazos abiertos. Allá, desde la eternidad, aún nos pueden ayudar.

JUAN LARREA HOLGUÍN Y LA UNIVERSIDAD ECUATORIANA

Sin lugar a dudas, resulta emblemática la figura de Mons. Larrea en la universidad ecuatoriana. A más de ser una de los grandes doctores de nuestro país, nos ha dejado un legado no sólo doctrinal, sino también vivencial. Con su vida y escritos nos ha enseñado cómo debe ser la vida de un académico y cuál es el *alma mater* que debe reinar en la universidad.

El presente capítulo recoge, de forma breve y cronológica, cuál ha sido la trayectoria académica de Juan Larrea Holguín. En un capítulo siguiente se tratará de la visión que tenía acerca de la universidad y del quehacer ordinario del profesor.

En ambos capítulos recojo el testimonio de muchas personas que coincidieron con Mons. Larrea, así como las palabras que yo directamente oí de sus labios, cotejando todo con las fuentes a las que he podido acceder.

I. Formación académica

Debido a que su padre, Carlos Manuel Larrea Rivadeneira (1887-1983), era diplomático, su hijo recibió una educación muy cosmopolita[1]. Juan Larrea nació el 9 de

---

[1] En una entrevista comentó que los cambios de residencia supusieron «por una parte un cierta dificultad, el cambiar siempre supone una dificultad, por ejemplo, la no coincidencia de las vacaciones en país y otro. Por otra parte considero que ha sido una ventaja muy grande que agradezco a la Providencia: esos viajes, el haber hecho parte de mis

agosto de 1927 en Buenos Aires, donde permaneció algunos años. Sus primeras experiencias escolares las hizo en Bogotá, donde asistió a un colegio de monjas. A los cuatro años hablaba sin parar y sus mejillas se encendían de ira cuando se le llevaba la contraria. De ahí que adoptara el mote "doctor fosforito" (cfr. Vázquez, 2009, págs. 36-37). Contra ese carácter tuvo que luchar muchos años, hasta adquirir una personalidad más tranquila y temperada. A esa misma edad de cuatro años ya pintaba cuadros en las pequeñísimas hojas de su cuaderno y de vez en cuando cenaba con los invitados de sus padres. Su portentosa memoria logrará recordar los nombres y cargos de esos invitados hasta los últimos años de su vida, cuando narraba anécdotas sobre aquellos personajes. Realmente poseía una singular agudeza intelectual.

Inició sus estudios primarios en la escuela de los Hermanos Cristianos de la Caldas y Vargas (Quito), para luego continuarlos en Lima y Buenos Aires, capitales a donde sus padres viajaron en razón del servicio diplomático. En esa etapa le atraían mucho los números, de tal manera que se pasaba muchas horas haciendo operaciones matemáticas. Dice mucho que el primer libro que leyó en su vida, a los siete años, fue un tratado breve de espectrografía.

Estudió toda la secundaria durante los pesados años de la segunda guerra mundial, con suma brillantez. Durante los últimos cursos se interesó más por la literatura, la historia y la filosofía, a tal punto que llegó a proponerle a su padre irse a estudiar Filosofía a París. Pero fue el estudio de los últimos cincuenta años de la agitada historia del Ecuador, donde aparecían las controvertidas leyes sobre el matrimonio y la familia, sobre la mujer y la reforma agraria, sobre el liberalismo antirreligioso y la educación laica, lo que le llevó a decantarse por la carrera de Derecho[2]. Como

---

estudios en Colombia, en el Perú, parte en Argentina, en Roma, pues si le da a uno una visión más amplia del mundo» (Riofrío, 1998).

[2] Esta es la opinión de Antonio Vázquez (2009, págs. 34 y 41-42).

dijo en 1999, decidió su carrera «desde el colegio. Mi deseo de estudiar leyes no era tanto para ejercer la abogacía en juicios, aunque luego me tocó intervenir en muchos, sino ante todo pensaba yo que más bien en que un abogado podía influir en la redacción y corrección de las leyes del país. Aun siendo joven, todavía de colegio, me daba cuenta de que necesitaban algunas reformas entonces mi deseo era intervenir en esto. Cosa que también debo agradecer a la Providencia porque si me ha sido factible el realizar en buena parte» (Riofrío, 1998)[3].

El 19 de mayo de 1945 ganó el premio al mejor orador por su discurso "La conquista española fue o no ventajosa para el indio ecuatoriano". En 1946 regresó a Quito, para terminar el bachillerato con los máximos honores. Fue nombrado Abanderado por ser el mejor alumno de todos los cursos, y hasta mereció una felicitación especial de don Aurelio Espinoza Pólit, quien afirmó que «no solamente alcanzó el más alto puntaje y la nota de "diez" por aclamación, sino que dio muestras de un talento clarísimo y de una madurez de juicio superior a sus años»[4].

Después de graduarse ingresó a la Universidad Católica del Ecuador[5], recién fundada por el arzobispo de

---

[3] En otras ocasiones Mons. Larrea fue menos explícito. Por ejemplo, en una entrevista de 1995 se le preguntó por qué no había seguido el camino de la historia abierto por su padre, prefiriendo los estudios jurídicos, a lo que contestó: «creo que está también la huella de mi abuelo, Manuel Larrea, que fue abogado, y de mi padre, que sirvió en la diplomacia. Por allí vendrían mis aficiones hacia el derecho» (Diario Hoy, 15-I-1995).

[4] Carta de don Aurelio Espinoza Pólit, S.J., al Ministro de Educación, Marco Tulio González, de 17-VII-1946. El sacerdote entonces era el director del colegio Loyola. Más tarde llegó a ser el primer rector de la Universidad Católica.

[5] Todavía no ostentaba el título de "Pontificia", que le fue conferido en 1963 por la Congregación de Seminarios y Universidades, por delegación recibida de su santidad el papa Juan XXIII.

Quito, cardenal Carlos María De la Torre[6]. En esta institución estudió con su habitual denuedo durante un par de años la carrera de Derecho. «Desde el primer día de universidad —dijo— asumí con pasión el estudio de las leyes» (en Vázquez, 2009, pág. 42). Entre otros, tuvo allí como profesor al Dr. Jorge Pérez Serrano. De aquella época es la anécdota de que muchas veces, el día anterior a rendir los exámenes universitarios, decidía ir a escalar el Pichincha, o el Ruco, o cualquier otro monte, para despejarse. La materia ya la sabía, por haberla estudiado a conciencia los días pasados. No era de aquellos estudiantes que se quemaban la noche anterior revisando con prisa los libros, para llegar con tremendas ojeras al examen del día siguiente. Al contrario, estudiaba más horas durante la semana y aprovechaba tan bien el tiempo que hasta se permitía una excursión. Y como si aún tuviera tiempo libre, dedicaba horas a leer mucho. Consta que durante esa época leyó tres gruesos tomos de historia de Grecia, seis o siete tomos de historia de Roma, alguno de un autor alemán de historia de la Iglesia[7].

A los dos años de iniciar sus estudios universitarios, don Carlos Manuel fue nombrado Embajador del Ecuador ante la Santa Sede. Ante la noticia del inminente viaje a

---

[6] La Universidad Católica es la primera universidad privada del Ecuador. El 2-VII-1946 el Presidente de la República, doctor José María Velasco Ibarra, expidió el decreto 1228 (publicado en el R.O. 629 de 8-VII-1946), en donde autorizó el funcionamiento de las universidades particulares. En seguida el P. Aurelio Espinosa Pólit fue nombrado rector y se encargó de conseguir sede, financiamiento, planta docente y de elaborar los planes de estudio. El 26-IX-1946 el Ministro de Educación, Ing. Pedro Pinto Guzmán, otorgó la autorización para iniciar la enseñanza y el 5 de noviembre comenzó el primer ciclo académico con una sola facultad, la de Jurisprudencia, con 54 estudiantes, en la calle Bolívar n° 343. El primer inscrito fue Jorge Salvador Lara y el segundo Juan Larrea Holguín.

[7] Antonio Vázquez (2009, pág. 29) menciona que leyó la "Historia de los Romanos" de Víctor Duruy y la traducción francesa de la Historia de la Iglesia de Heinrich Bruck.

Roma, Juan no tardó un instante en ponerse a estudiar italiano. Y ya en junio de 1948 Juan, con su padre, con su madre Lola Holguín Iturralde y con su hermano mayor Carlos, se encontraban viviendo en la Ciudad eterna.

Al llegar al viejo continente, en seguida se matriculó en la Universidad estatal, La Sapienza, dentro del tercer curso de la carrera de Derecho. Convalidó algunas materias estudiadas en Ecuador y otras las tuvo que recuperar. El ambiente material de las universidades italianas de postguerra no era el más idóneo para el estudio: los ciudadanos deseaban dejar abiertas las heridas de la guerra y como un gesto de protesta habían resuelto no reponer los cristales de las ventanas, rotos por los bombardeos sufridos tres años antes. En las clases de octubre a enero el frío podía bajar de los cero grados centígrados. Aún así, Juan pasó varias horas extras de estudio en esas aulas.

En esta institución escuchó a profesores de primera categoría, como el filósofo Giorgio Del Vecchio, el civilista Emilio Betti y el romanista Vincenzo Arangio Ruiz, con quienes supo trabar amistad. A Betti incluso lo convenció de ahondar los estudios en el Código Civil ecuatoriano, que tenía un poco olvidado desde que salió de Quito. Se ve que tenía un carácter fuerte, porque recuerdo[8] haberle escuchado una anécdota de una clase donde observó que un compañero suyo hablaba sin respeto: Juan se enfadó profundamente y terminó sacándolo del aula a empujones, porque eso no podía ser.

Juan dejó escrito que en una ocasión el profesor Arangio se retardó un poco en llegar a clases. En la espera se le acercó un joven que le hizo conversa en italiano. «Al poco, llegó el catedrático, escuchamos su conferencia, y después de la clase seguimos conversando hasta darnos cuenta de que nos costaba entendernos en el incipiente

---

[8] Muchas anécdotas, sucesos o pensamientos yo se los he escuchado directamente a Mons. Larrea, como este que comento. Cuando no pongo un testimonio o fuente de referencia, es porque no lo he hallado.

italiano que hablábamos; con lo cual nos identificamos él como español y yo como ecuatoriano; pasamos a la lengua castellana, y ya éramos amigos. Mi nuevo amigo se llamaba Ignacio Sallent[9]. Esto fue al comienzo del curso, en los primeros días de octubre de 1948» (Larrea, 2007, pág. 114). Ignacio había terminado ya la carrera de ingeniería química en España y por entonces cursaba los estudios de teología en el Pontificio Ateneo Lateranense. Había ido a La Sapienza simplemente para conocer a gente.

Ambos hicieron buenas migas. «Con mi amigo —cuanta Juan—, hicimos largas caminatas por Roma, visitando iglesias y monumentos, asistimos a conferencias sobre variados temas en distintos lugares, y nos fuimos conociendo mejor, al discurrir sobre lecturas, temas de actualidad en Italia, en el mundo y en nuestras patrias. Yo invité a Ignacio a casa de mis padres y él me invitó a conocer el "Pensionato universitario", donde él vivía (...)» (Larrea, 2007, pág. 114). Así Juan fue conociendo el Opus Dei. En abril de 1949 Ignacio le explicó detalladamente lo que era la Obra y le propuso plantearse la vocación. Entonces, escribe Larrea, «pedí ayuda al Señor, maduré el examen, y en tres o cuatro días llegué a la conclusión de que ése era el camino por el cual me llamaba Dios. Tuve una conversación con otro sacerdote, don Juan Bautista Torelló, para despejar cualquier incertidumbre, y redacté una carta al Padre —así llamábamos a San Josemaría todos los que

---

[9] Ignacio Sallent Casas nació en Terrassa (España) el 7-VII-1920. Solicitó entrar en el Opus Dei en El Palau, primer Centro de Barcelona, el 4-II-1944, siendo estudiante de Ingeniería Química. En 1946 se trasladó a Roma: formó parte del pequeño grupo que vivió con San Josemaría en el primer Centro de la Obra en Piazza della Città Leonina. Durante esos años acompañó con frecuencia al Fundador en sus viajes como conductor. En Roma completó su formación con un doctorado en Derecho Canónico, y el 15-VII-1951 fue ordenado sacerdote. Permaneció en Italia hasta 1972, cuando regresó a España. Vivió en Valencia y Alicante, y desde 1987 en Girona. Tras una década de párkinson falleció el año 2007.

frecuentábamos el "Pensionato"—, pidiendo la admisión como numerario. Esto fue el 23 de abril de 1949» (Larrea, 2007, pág. 115).

Sin perder tiempo y sin dejar sus estudios en la Universidad estatal, ese mismo año se incorporó al recién fundado Colegio Romano de la Santa Cruz. San Josemaría lo había fundado el 29 de junio de 1948 para dar una intensa formación a los miembros del Opus Dei provenientes de distintos países, que obtendrían un doctorado eclesiástico, muchos se ordenarían sacerdotes y regresarían a su nación de origen. El Colegio Romano nació sin medios: «se empieza como se puede», decía el Fundador (Cfr. Vázquez de Prada, A., 2003, pág. 133). Su primera promoción nació con diez estudiantes, que a la hora de la hora terminaron siendo solamente cuatro. Juan Larrea se incorporó a la segunda promoción, dentro del curso 1949-1959, que con él sumaban siete alumnos.

Así las cosas, al año de haber llegado a Roma Juan Larrea estaba matriculado en dos universidades: cursaba derecho civil en La Sapienza y derecho canónico en el Pontificio Ateneo Angelicum, institución dirigida por los padres dominicos. Comentaba de forma graciosa en su madurez que todas las clases de esta universidad se daban en un latín que desconocía absolutamente. Con todo, el esfuerzo que ponía era significativo: escribía todo lo que decían los profesores, tal como le sonaban en español. Luego llegaba a la casa de sus padres e intentaba traducirlo. Poco a poco descubría que lo que él había escrito como una palabra, eran dos o incluso tres términos distintos. Tuvo que haber sido muy intenso el estudio de la lengua latina porque muchos años más tarde, en la década de los noventa si no recuerdo mal, mencionó que en una reunión de obispos en Roma se tocó con uno de lengua materna muy rara, que no hablaba ninguna lengua romance; sólo pudieron comunicarse en latín (Riofrío, 2013).

Más tarde Juan recordaría que en aquella época «el Padre nos estimulaba a realizar muy a conciencia los estudios» (2007, pág. 116). Anotó además que «sobresalía en el género de vida que llevaba el Fundador del Opus Dei, la constante preocupación por formar, con la mayor naturalidad y sencillez, a quienes estábamos cerca de él» (pág. 117). En un primer momento, estos estudios los realizaba mientras vivía en el cálido y cómodo hogar paterno, propio de un Embajador. Pero sucedió que la carrera diplomática de su padre cambió de rumbo y en 1951 fue trasladado a Londres. Por esta razón, el 3 de mayo de 1951 Juan se pasó a vivir al "Pensionato", que quedaba en Bruno Buozzi 73.

El cambio al Pensionato tuvo que resultarle drástico. De las comodidades de la casa del Embajador pasó a hospedarse en la estrecha casa del guardia de la antigua Embajada de Hungría ante la Santa Sede[10], donde desde hace dos años san Josemaría, don Álvaro del Portillo y otros miembros de la Obra vivían con dignidad, pero en una pobreza extrema. Ahí no había camas, por falta de espacio. En 1949 disponía de tres literas, por lo que algunos dormían en el suelo por turno[11]. Sin embargo, el Pensionato poseía varias salas de estudio: una era la mitad de las escaleras para subir a las habitaciones (la otra mitad servía para subir

---

[10] Pese a que ya se había perfeccionado el contrato de compraventa del inmueble en abril de 1947, los diplomáticos húngaros no desalojaron la casa principal. Como pasaba el tiempo y no daban su brazo a torcer, el 22-VII-1947 san Josemaría se trasladó con varios miembros de la Obra a la casa que en otrora ocupaba el portero. La mudanza se había hecho por camión en un solo viaje, donde se habían llevado todos los muebles, utensilios y demás enseres de la casa (cfr. Vásquez de Prada, 2003, pág. 105). Los funcionarios húngaros sólo dejaron la *Villa Vecchia* a principios-II-1949. En seguida el se presentó a las autoridades el proyecto de las obras a realizar en ese edificio y el 9-VI-1949 comenzaron las obras. Sobre los pormenores del asunto, cfr. Vásquez de Prada, 2003, págs. 102-118.

[11] Testimonio de Juan Larrea Holguín, *Sum.* 6025, recogido en Vázquez de Prada, 2003, pág. 233, nota 102.

y bajar) y otra era "la cámara chata", un amplio hueco que había bajo la terraza, al cual solo se podía acceder a gatas porque apenas llegaba a un metro con sesenta centímetros de altura. Para estudiar se tenían que poner los libros y la máquina de escribir sobre las rodillas[12], porque no cabían, ni había mesas. A estas limitaciones se sumaron las impuestas por las obras en la *Villa Vechia* que comenzaron en junio de 1949: la independencia se acabó, no había espacios libres, ni mucho menos silencio.

Se comprende que pronto se agotara Juan en aquel ambiente. Y aunque lo hubiera disimulado bien, san Josemaría se percató. Un buen día lo llamó aparte y le dio un consejo que no solía dar al resto de la gente. «Me recomendó, en aquella época de mucho esfuerzo en estudios —escribió Larrea—, que tomara un bocadillo a media mañana y que hiciera una breve siesta por la tarde. Yo le dije con toda sencillez que nunca había dormido siesta, y me dijo que podía descansar un poco leyendo algo divertido, por ejemplo, Pinocho en latín *"Pinoculus"*, con lo que mejoraría el dominio de la lengua» (Vázquez, 2009, pág. 79). Esa costumbre de no tener siesta la mantendría hasta el final de su vida. Al final de su vida, en una conversación con el actual Cardenal del Ecuador, Mons. Raúl Vela Chiriboga, de quien era muy amigo, éste admirado por la producción literaria de Mons. Larrea le preguntó de dónde sacaba tanto tiempo para escribir tanto. Monseñor le contestó: «será que yo no duermo siesta» (Burguera, 4-XI-2013).

Pese al cansancio, al escaso tiempo y a la estrechez económica, los estudiantes del Pensionato sacaban sus estudios de manera heroica. Alejandro Llano recuerda un detalle de Juan Larrea que le llamó la atención. «Una tarde

---

[12] Testimonio *de audito* de don José Marroquín Yerovi (en entrevista en Ilaloma de 5-XI-2013), donde cuenta lo que oyó a Juan Larrea de las dos salas de estudio. Lo del habitáculo debajo de la terraza también aparece en Antonio Vásquez, 2009, págs. 74-75.

le vio cómo abría con un cortaplumas las páginas plegadas de un libro que acababa de comprar. Le extrañó que lo hiciera con cierta parsimonia, pero aún se quedó más sorprendido cuando al final de cortar el doblez del último pliego le comentó, sin darle importancia, que ya se lo había estudiado» (Vázquez, 2009, pág. 62)[13].

San Josemaría se había dado cuenta desde un principio de la calidad intelectual de este hijo suyo, y supo sacar lo mejor de él. Coherente a su lema, «al que pueda ser sabio no le perdonamos que no lo sea» (Camino 332), a Juan no le perdonó no ser sabio. Entre inicios del año 1951 y mediados del año 1952 preparó dos tesis doctorales. La primera, que defendió en La Sapienza, fue sobre el "El matrimonio en los regímenes concordatarios" escrita en italiano, en la que obtuvo la máxima calificación. La segunda tesis de derecho canónico, dirigida por el padre dominico Severino Álvarez de la Universidad Pontificia, trató sobre "La personalidad de la Iglesia en el *modus vivendi* celebrado entre la Santa Sede y el Ecuador" y también obtuvo la máxima calificación; estaba escrita en castellano, pero adjuntaba un resumen de doce páginas escrito en latín (cfr. Vázquez, 2009, págs. 73-74). Había escogido ese tema no sólo porque contaba con muchos datos de primera mano, pues Carlos Manuel Larrea había promovido en 1937 la celebración de este tratado, sino sobre todo para sacar brillo a aquello que su padre consideraba ser el mayor logro de su carrera diplomática[14].

---

[13] Según el P. Monaj (6-XI-2013), el personaje de la anécdota era Alejandro Llano.

[14] En los años cincuenta se publicaría en España su libro "La Iglesia y el Estado en el Ecuador". En una entrevista dada en 1995 Juan Larrea declaró lo siguiente: «escribí este libro (…) a pedido de un amigo, cuando me encontraba en Roma. Él no sabía que mi padre había sido el firmante de este tratado. Creo que me gustó la idea y me puse a trabajar. Tuve una excelente documentación, la procesé y el libro estuvo listo. Creo que el tratado suscrito fue un modelo de tratado internacional. Lo contempla todo. Creo que su aporte histórico y jurídico le dieron validez

Los estudios que había comenzado en octubre de 1948 en la Universidad italiana y en octubre de 1949 en el Angelicum, los acabó conjuntamente en junio del año 1952: cuatro años para el doctorado civil, tres años para el eclesiástico. «Con diferencia de pocos días —escribió Juan— me presenté a los respectivos exámenes de grado y obtuve esos dos diplomas» (Larrea, 2007, pág. 116).

Juan Larrea recuerda que san Josemaría les hizo rezar mucho por los primeros pasos del colegio Gaztelueta, por el Estudio General de Navarra[15] y por las instituciones educativas que vendrían después (cfr. Vázquez, 2009, págs. 72-73). Ello cuadra con lo que Leonardo Polo Barrena describía en 1994 acerca de la amplísima visión de futuro que tenía el Padre en aquellos años, como refrendando el hecho de que después habrían de venir muchas otras universidades con el mismo espíritu: «el Fundador de éste [centro, la Universidad de Piura] y de tantos otros Centros Universitarios, el Beato Josemaría Escrivá (…) nos decía a los que empezábamos la Universidad de Navarra: "no me hagáis pajaritos fritos; hacedme águilas pequeñas, que ya crecerán"» (Polo, 9-IX-1994; Aspíllaga, 1999, pág. 43).

En una tertulia de mayo o junio del año 1952 san Josemaría fue proponiendo a los alumnos del Colegio Romano los lugares donde podrían ir a comenzar la labor del Opus Dei. En un momento dado dijo: «y tú, Juan, irás a Ecuador». Las previsiones de Juan Larrea entonces no eran inmediatas. Sin embargo, pocos días después, en otra tertulia, san Josemaría les anunció: «ya sabéis vuestros

---

al libro, puesto que se trataba básicamente de revisar las complejas relaciones del Vaticano con el Estado ecuatoriano, y sugerir, que es lo que trato de hacer, nuevos correctivos para evitar fricciones hacia el futuro» (Diario Hoy, 15-I-1995).

[15] El Estudio General de Navarra comenzó el 17-X-1952 con la inauguración de la Escuela de Derecho que contaba con 48 alumnos, bajo la dirección del profesor Ismael Sánchez-Bella. El año 1960 la Santa Sede lo establecería como Universidad Católica y se nombraría a Josemaría Escrivá como Gran Canciller.

destinos, de modo que, al día siguiente de graduaros, cada mochuelo a su hoyuelo»[16]. En total, Juan pudo vivir junto al Padre durante algo más de tres años, hasta julio de 1952[17].

Juan cuenta que, antes de que partiera solo al Ecuador, el fundador quiso que adelantase algo más en su formación teológica y apostólica. Él ya había terminado la Filosofía. Por aquella época, el Padre le pidió que estudiara el Denzinger[18] y añadió que él mismo se encargaría de examinarlo. A su regreso, Juan anotó que «el mismo Padre presenció un examen general que rendí ante don Álvaro del Portillo» (Larrea, 2007, pág. 117). Al final del examen don Álvaro le preguntó a nuestro Padre si deseaba hacer alguna pregunta, y que él se negó (Riofrío, 2013). Evidentemente estaba satisfecho de la preparación del alumno.

San Josemaría recomendó a Juan que antes de su retorno a Ecuador, fuera a España para conocer las labores que ahí se hacían en las principales ciudades y dispuso que ahí realizara dos cursos anuales seguidos[19] en Molinoviejo (cerca de Segovia), a fin de que terminara los estudios del primer año de Teología (Larrea, 2007, pág. 117). El 17 de julio de 1959 salía para España, donde visitó Madrid, Zaragoza, Barcelona, Sevilla, Granada, Bilbao y Santiago

---

[16] Una glosa de estas palabras consta en Aranda, 2000.

[17] Cfr. Riofrío, 2013; Larrea, 2007, pág. 117; Vázquez, 2009, págs. 85-91.

[18] El libro *Enchiridion Symbolorum et Definitionum*, es un libro que contiene una colección de los principales decretos y definiciones de los concilios, la lista de las proposiciones condenadas, etc., empezando con las más antiguas formas del Símbolo de los Apóstoles. La sexta edición, que fue la última edición preparada por el mismo Enrique Denzinger (+1883) contenía 202 documentos. Varios editores posteriores fueron incluyendo documentos nuevos. Juan Larrea habrá leído una de esas ediciones ampliadas anteriores al Concilio Vaticano II, pero no la célebre edición de Adolf Schönmetzer preparada en 1963.

[19] Los miembros del Opus Dei suelen hacer un largo curso de formación cada año, donde estudian materias de filosofía, teología y derecho canónico. San Josemaría deseó en aquella ocasión que su hijo hiciera dos cursos seguidos.

de Compostela. Ahí conoció y sacó experiencias del tan encomendado colegio Gaztelueta y del Estudio General de Navarra, que más tarde se convertiría en Universidad. Terminado ese periplo de ciudades realizó dos cursos de estudios en Molinoviejo, y luego se dirigió a Barcelona para embarcarse con destino a Guayaquil. Luego de dieciséis días, el 4 de octubre de 1952, desembarcó en el puerto. Dos días más tarde ya se encontraba en la capital, en casa de sus padres, que justamente habían retornado al Ecuador un par de semanas antes.

II. Labor docente

Tres días después de su llegada a Quito, el 9 de octubre de 1952, inició sus contactos profesionales visitando a un antiguo profesor suyo, el Dr. Jorge Pérez Serrano, quien tenía el bufete de abogados de mayor prestigio de la ciudad[20]. Al día siguiente comenzó a trabajar en ese Estudio. Luego se presentó al Decano de la Facultad de Derecho de su antigua Universidad Católica, el Dr. Julio Tobar Donoso, que era amigo de su padre; por feliz coincidencia había una vacante en una materia y el semestre debía empezar en seguida, por lo que agradeció la visita y

---

[20] El estudio "Pérez E., Pérez Serrano y Ponce, Abogados" (más tarde, "Pérez, Bustamante & Pérez", y luego "Pérez, Bustamante & Ponce"), que entonces estaría conformado por los doctores Jorge Pérez Serrano, Neptalí Ponce Miranda, Manuel de Guzmán Polanco, Rene Bustamante Muñoz y José Ignacio Donoso Velasco, y estaba ubicado en la calle Venezuela frente al hotel Savoy (Pérez Pimentel, 2009). Con todos hizo gran amistad y ganó un gran prestigio. Jorge Pérez llegaría a decir que «la mente de Juan era una mente jurídica de nacimiento: ordenada como había visto en muy pocas personas, que unida a su honestidad resaltaba mucho» (Alesón, 5-XI-2013).

Juan Larrea se incorporó como docente ese mismo mes de octubre[21].

Pocos meses después se presentó a un nuevo grado doctoral, para obtener el título de Doctor en Jurisprudencia y Abogado de los Tribunales del Ecuador (Larrea, 2002). Rindió todas las pruebas de manera extraordinaria, aunque tuvo alguna duda ante una pregunta de Derecho penal del penalista Jaime Flor Vásconez. Julio Tobar Donoso, al ver que su apreciado Juan no contestaba de forma completa, «estaba en ascuas, no sabía qué hacer»[22]. Con todo, al final le dieron la máxima calificación: 10/10. Este fue el primer grado doctoral rendido en la Universidad Católica[23].

Juan Larrea fue además el primer exalumno de la Universidad Católica que desempeñó una cátedra. De forma graciosa, le correspondió integrar los tribunales de recepción de grados universitarios de varios de los compañeros con quienes había iniciado clases años atrás, como el de Jorge Salvador Lara, Rafael Borja Peña y otros (Larrea, 2002).

Con el paso de los cursos, fue impartiendo distintas materias. En un momento dado acabó toda la larga rama de derecho civil. Casi siempre daba a la vez derecho internacional privado; además también impartió clases de derecho romano[24] y de religión. Además dio clases de Comercio Internacional en la Facultad de Economía de la misma Universidad. Comenzó como profesor auxiliar de Derecho civil, pero prono pasó a ser el titular de la cátedra

---

[21] Esta historia se la oí contar tres o cuatro veces. Si mal no recuerdo, me parece haberle oído que a la semana de haber llegado a Quito ya estaba dando clases en la Universidad Católica.

[22] Jaime Flor Rubianes (entrevista de 21-XI-2013) escuchó repetidas veces esta anécdota de labios de su padre, Jaime Flor Vásconez.

[23] Antes sólo se había conferido el grado de Doctor en Derecho a Agustín Arroyo Yerovi, quien había hecho sus estudios en Colombia y los convalidó en la Universidad Católica del Ecuador.

[24] Una vez le tocó sustituir al Catedrático Manuel Elicio Flor, como consta en su carta de 31-V-1955.

(cfr. Pérez Pimentel, 2009, págs. 1-2). El 5 de agosto de 1962 fue ordenado sacerdote, en 1966 fue designado Consiliario del Opus Dei, cargo que dejó en 1969 cuando fue nombrado Obispo Auxiliar de Quito[25], lo cual no fue óbice para que siguiera dictando clases en la misma institución. También dio clases en la Universidad Central por un año[26], en la Academia de Diplomacia por tres o cuatro años, en el Instituto de Altos Estudios Nacionales de derecho territorial e internacional privado por diez años.

Para 1965 Juan Larrea ya tenía una buena trayectoria como escritor de obras de Derecho. Ese año fundó con los doctores René Bustamante Muñoz y Eduardo Burneo, la Corporación de Estudios y Publicaciones, empresa que ha llegado a ser hoy una de las mayores editoriales jurídicas del país. El doctor Alesón, que vivía por esos años junto a Mons. Larrea, recuerda que en sus comienzos todos en la casa —incluido el Consiliario— le ayudaban en su trabajo: Juan Larrea traía las leyes y las resoluciones de la Corte Suprema de Justicia, y ahí le sacaban copias en ciclostil, las ponían en cajas y colaboraban en la distribución (Alesón, 5-XI-2013).

Uno de los alumnos de Mons. Larrea nos ha confiado cómo eran sus clases para finales de los sesenta, época en la que Monseñor ya albergaba una vasta experiencia en la docencia. En 1968 Jaime Flor Rubianes acababa de ingresar a la Universidad Católica y tuvo la fortuna de tenerlo como profesor de Derecho civil en el

---

[25] Mons. Juan Larrea Holguín fue Obispo Auxiliar de Quito de 1969 a 1975, Obispo coadjutor de Ibarra de 1975 a 1978, Obispo de Ibarra de 1978 a 1982, Obispo Castrense de 1983 a 1988, Obispo coadjutor de Guayaquil de 1988 a 1989 y Arzobispo de Guayaquil hasta mayo de 2003. A partir de ahí quedó como Arzobispo emérito de esta última jurisdicción.

[26] Por ejemplo, en el año 1975 a petición del Decano Mario Gómez de la Torre dictó el curso de Derecho Internacional Privado en la Facultad de Jurisprudencia de la Universidad Central. En su hoja autobiográfica anota que dio clases entre 1975 y 1976.

primer curso (Flor, 21-XI-2013). Lo veía como un profesor extraordinario de Derecho civil, aunque muy exigente: de hecho, fue el profesor más exigente que tuvo en la carrera. Era puntualísimo en las clases. Jamás se atrasó un minuto. Empezaba sus clases con la señal de la Cruz, un Padrenuestro o una Avemaría y el rezo de la jaculatoria mariana *Sedes Sapientiae* (sólo esas dos palabras y nada más), a lo que animaba a los alumnos a contestar en latín: *ora pro nobis*. Al final de la clase no rezaba. Vale reseñar que en aquella época algunos otros profesores también comenzaban sus lecciones con alguna oración.

Sus clases las impartía al más puro estilo de los grandes juristas de la vieja cátedra: daba una lección magistral y al final abría un espacio para las preguntas. No le gustaba que se hicieran preguntas durante la primera parte de la clase. Según Jaime Flor, sus mejores clases eran de Derecho civil (según comentaban algunos alumnos, un poco menos espectaculares eran las de Derecho internacional privado). En Derecho civil, parte general y familia —que fueron la clases que recibió Jaime Flor de Mons. Larrea— él seguía su comentario al Código Civil. Sus explicaciones eran muy claras y buenas, pero no se entretenía con pausas: iban con mucho ritmo. En el primer año se veían los cuatro primeros tomos, avanzando treinta o cuarenta páginas por día. Sus clases estaban muy imbuidas de la Doctrina de la Iglesia.

Comenta Jaime que en el aula no se reía mucho, aunque de vez en cuando dejaba caer algún comentario jocoso y se reía de él mismo. Una vez hablaba de algún autor y decía, medio en broma y riéndose de sí, que «era un don Juan». Era serio, pero no se enfadaba, ni alzaba la voz a los alumnos. Lo más fuerte que Jaime recuerda haber escuchado es que un día llamó «cotorra» a su compañera María de Lourdes Rodríguez, porque estaba hablando en clase. Sólo con una palabra ella en seguida se dio por aludida y guardó absoluto silencio el resto de la clase. Esto no quiere decir que fuera distante con los alumnos. Por el contrario, trabó gran amistad con muchos y fue de todos muy admirado. Se recuerda de uno que comenzó a imitar cómo vestía Mons. Larrea, el tipo de corbatas y hasta la forma de moverse y de caminar (Marroquín Yerovi, 5-XI-2013).

Al igual que la mayoría de profesores de su tiempo, Mons. Larrea tomaba una sola lección en cada trimestre y al final del curso. En los exámenes abría su libro al azar y preguntaba sobre el título que aparecía en la página que quedaba abierta. Tomaba siempre tres o cuatro títulos de su libro.

Las clases en la Universidad Católica se prolongaron durante 22 años, hasta 1976. Ya había ejercido 14 años en el Subdecanato de la Facultad de Derecho. En ese año se suscitaron profundos cambios en la Universidad Católica, pues comenzaron a meterse en las filas docentes ideólogos de la teología de la liberación[27] y se multiplicaron las pugnas internas. Recuerda el P. José Marroquín que una buena mañana, a la hora del desayuno, llegó alguien a la casa que lo hizo fastidiarse mucho. «Fue la única vez que lo oí gritar y dar grandes voces a Mons. Larrea», comentó el P. Marroquín (5-XI-2013). Al parecer un sacerdote se había enfrentado de mala manera con su apreciado amigo Julio Tobar Donoso, y le había faltado gravemente al respeto. Por ese atentado contra la autoridad Monseñor decidió dejar la Universidad Católica, luego de tantos años de cátedra en esa institución[28].

---

[27] Recordamos que en 1962 la administración y gobierno de la Universidad Católica habían sido confiados a la Compañía de Jesús.

[28] Rodolfo Pérez Pimentel piensa que «a raíz de que se suscitaron cambios en la Facultad de Jurisprudencia de la Universidad Católica con los cuales no estuvo de acuerdo, se candidatizó para rector auspiciado por la ultra derecha y como no pudo lograr una mayoría renunció al Subdecanato y a su cátedra tras 22 años de profesorado» (2009). En realidad no consta que Mons. Larrea se haya candidatizado para un cargo que hasta el día de hoy sólo han ejercido sacerdotes

Monseñor fue nombrado Obispo Coadjutor de Ibarra y luego titular de esa misma jurisdicción, hasta 1984. Por esta razón no pudo seguir dando clases en Quito. Amante de la cátedra, le quedaba dar clases en el Seminario que fundó en Imbabura para dar buena doctrina a los seminaristas. Como anécdota se recoge que en los nueve años que vivió en Ibarra no quiso tener nunca televisión; prefería la lectura, escribir libros o pintar cuadros (Vázquez, 2009, pág. 165).

En 1982 había sido nombrado Primer Obispo Castrense del Ecuador, pero ese cargo no lo ejerció sino hasta 1984. Por este motivo regresó a vivir a la ciudad de Quito, hospedándose en la Residencia Ilinizas, y pudo retomar la cátedra, esta vez en la Universidad Central del Ecuador (Flor, 21-XI-2013). Además dio otras clases, seminarios, cursos, etc. Cuando en 1988 fue nombrado Obispo Coadjutor de Guayaquil, se trasladó a esa ciudad. Un año más tarde, el 8 de diciembre de 1989, tomó posesión del Arzobispado. Inmediatamente comenzó a dar clases en la Universidad Católica Santiago de Guayaquil, donde permaneció como profesor hasta 1994[29]. Además dio muchas clases en el Seminario de la Arquidiócesis.

Una persona que vivía cerca de él en esta época comenta que le llamó la atención encontrarlo varias veces preparando a conciencia las clases: sabía Derecho más que ninguno en el Ecuador, pero no se perdonaba el tiempo de preparación de las lecciones que iba a dar (Mönckeberg, 20-VII-2013). Cualquier profesor con su excepcional inteligencia y memoria fácilmente se hubiera dispensado

---

jesuitas. De hecho, la terna presentada para aquellas elecciones estaba conformada por tres jesuitas: Hernán Malo, Jaime Malo y José Rivera. Tampoco parece aceptable imputar esa causa de renuncia a una persona que en múltiples ocasiones renunció a cosas mayores por el servicio a Dios.

[29] En su hoja autobiográfica apunta que dio clases en la Universidad Católica Santiago de Guayaquil desde 1989 a 1994 (Larrea, 2002). Consta que en 1991 fue profesor de Derecho civil en esta institución.

este tiempo de preparación[30]; Mons. Larrea incluso preparaba las clases de Derecho civil, que era la materia que más dominaba, para ofrecer a sus alumnos una buena lección.

En 1992 inauguró el Instituto Pedagógico Católico para la formación de maestros, construido con donaciones. Dictó clases de teología a seglares y en el Seminario; tenía un breve programa diario en la televisión y escribía dos veces a la semana para "El Telégrafo".

Para el 2000 Juan Larrea ya era un profesor consagrado. Por esta razón, siguiendo la tradición europea de escribir un libro de homenaje a los grandes juristas, los doctores Nicolás Parducci Sciacaluga y Ramiro Cepeda Alvarado, decidieron hacer lo propio con Monseñor. Ambos le preguntaron por la temática central de este libro de artículos, a lo que Mons. Larrea respondió que convendría tratar sobre la historia de la evolución y desarrollo de varias ramas del Derecho en el siglo XX, particularmente en Ecuador. En esta obra[31] colaboraron diez de los más afamados jurisconsultos del país. La ceremonia de homenaje y lanzamiento se hizo por todo lo alto en el Bankers Club (ubicado en el penthouse del Edificio más alto de Guayaquil, La Previsora). Ese mismo año también fue condecorado por el Presidente del Ecuador, Gustavo Noboa Bejarano, y recibió la Orden de San Lorenzo en el grado de Gran Oficial por cumplir 50 años como abogado.

---

[30] Por citar alguna anécdota que demuestre su facilidad de memoria y exposición, recuerdo que dos o tres veces me sucedió que coincidimos en un paseo; mientras él iba conduciendo el auto nos preguntaba si deseábamos hacer la oración y si queríamos que él predicase. Aceptada la propuesta, se lanzaba una meditación de media hora, sin ningún apunte, de muy elevado contenido doctrinal. Todavía recuerdo una de esas meditaciones —habrá sido entre 1993 y 1994— en donde explicó el dogma de la Asunción de María, las doctrinas que había a favor y en contra de su muerte, lo que decían los teólogos.

[31] Se trata del libro de *Homenaje a Monseñor Juan Larrea Holguín*, editado en Guayaquil por Edino el año 2000.

Al final de su vida había acumulado muchas cátedras, títulos y membrecías. Fue miembro del Instituto Hispano-Luso-Americano de Derecho Internacional, de la Academia Ecuatoriana de la Lengua, y también de la Real Academia Española; de la Academia Nacional de la Historia Ecuatoriana —fundada por su padre con otros historiadores—, de la Academia de Abogados de Quito, de la Academia Mariana del Ecuador. Perteneció a la Casa de la Cultura Ecuatoriana, y fue miembro de su Directorio (1974-1976). Además había participado en un sinnúmero de eventos diplomáticos e internacionales. Y pese a todo este currículo que podría hundir a cualquiera en la más detestable vanidad y orgullo, la virtud que más resaltaba en Mons. Larrea era su extremada delicadeza y humildad.

A mediados de la década de los noventa se le descubrió un cáncer, que diez años más tarde le daría la muerte. Aún así, tuvo arrestos para cumplir con sus deberes pastorales y para escribir decenas de libros. Al cumplir los 75 años presentó su renuncia al Arzobispado, que el Sumo Pontífice no aceptó sino hasta mayo de 2003. Desde ese momento se trasladó a vivir a la Capital, donde realizó una intensa labor pastoral y escribió decenas de libros jurídicos y religiosos. Murió el 27 de agosto de 2006 en olor de santidad.

III. Producción científica y literaria

Aunque debería hacerse un estudio más acabado sobre la producción científica y literaria de Mons. Larrea, no quiero dejar pasar esta oportunidad para explicar brevemente algo de su manera de investigar y escribir. Él es un eximio ejemplo de investigador nato. Buesmeyer y Shannon afirman que los profesores suelen justificar su escasa producción de artículos y libros echándole la culpa al tiempo: «ay si sólo tuviera menos estudiantes, más tiempo, menos ruido de los niños, más asistencia de secretarias…

¡Si sólo tuviera esto!» (1979, págs. 122-128)[32]. Todas estas excusas las pudo poner en vida Juan Larrea, pero no lo hizo. Por ejemplo, quedan narradas las condiciones extremas de pobreza y de escasez de tiempo que tuvo que afrontar en su juventud para, en el lapso de cuatro años defender tres tesis doctorales, escribiéndolas en tres idiomas distintos y sacando las máximas notas posibles. Pronto esas tesis se convertirían en libros que publicaría.

No haré aquí la relación de libros publicados por él, que son más de sesenta jurídicos y otros tantos que tratan de temas morales y religiosos. Más me interesa recoger algo sobre su manera de trabajar.

¿De dónde sacaba tiempo? Medio en broma, medio en serio contestaba que él no dormía siesta[33]. Y la verdad es que trabajaba sin prisa, pero sin pausa. Hay muchos testimonios sobre esta actitud: tipeaba seguido a máquina de escribir, casi sin errores en el andar, y cuando alguien llamaba a la puerta, frenaba en seco su redacción, atendía la visita con la mayor paz —aunque sin perder tiempo— y en el instante en que de nuevo quedaba solo se sentaba y continuaba escribiendo la palabra siguiente de la inconclusa frase. Pasaba de una cosa a la otra, respetando además los horarios que se imponía. «Tenía horarios muy rígidos y no se salía de ellos», recuerda uno de los que vivió cerca de él durante su estancia en Guayaquil (Mönckeberg, 20-VII-2013).

Trabajaba sin solución de continuidad, pero con una altísima presencia de Dios. Como se lo había enseñado san Josemaría en sus años romanos, al finalizar cada línea, cada que pasaba el carro de su antigua máquina de escribir recitaba mentalmente una jaculatoria. Le gustaba recordar: «yo aprendí esto de nuestro Padre»[34]. Mons. Larrea escribía mucho con un motivo muy definido: dar doctrina,

---

[32] La traducción al español es mía.
[33] Cfr. la anécdota recogida *ut supra* acontecida con Mons. Vela.
[34] Testimonio *de auditu* de don José Marroquín Yerovi (5-XI-2013).

recristianizar la sociedad. «Hemos de empapelar el mundo», decía en una tertulia a los presentes, aludiendo a esta tarea de dar buena doctrina (Riofrío, 2013).

Su máquina de escribir le sirvió por muchos años y la utilizó incluso cuando la tecnología informática comenzó a popularizarse. Santos Alesón recuerda que al final ya estaba un poco estropeada y le faltaba una tecla, por lo que debía empujar el metal directamente con el dedo. Aun así, escribía rápido y no corregía nada, ni las comas[35]. A finales de los noventa lo convencieron de que intentara usar una computadora personal. Como a toda persona mayor, le costó. Pero al poco se adaptó a la nueva técnica y quedó agradecidísimo por el pequeño empujón. Desde entonces usó siempre esta computadora, que no renovó sino hasta que llenó el disco duro con todos sus libros y escritos.

Existen muchos más detalles de la tenacidad y pobreza en el estudio que supo vivir durante toda su vida. Por ejemplo, escribía muchísimas, miles de fichas, todas a reglón seguido. Las octavillas solía hacerlas en hojas usadas, con una carilla ya llena. Ninguna ficha tenía márgenes libres: ni arriba, ni abajo, ni a la derecha, ni a la izquierda. Una vez más repetía: «yo aprendí esto de nuestro Padre» (Alesón, 5-XI-2013; Marroquín, 5-XI-2013). Todas estas fichas las guardaba en cajas de zapatos atadas con una piola.

Ahora bien, no regateaba en lo que a la adquisición de libros se refería. Un buen día llegó a acumular tantos en la residencia de Iñaquito, que le llamaron la atención: no había dónde ubicar tantos volúmenes (Marroquín, 5-XI-2013). Se contaron 1264 libros en su última biblioteca de Quito al momento de su muerte[36]. Los guardaba con

---

[35] Testimonio *de visu* de Santos Alesón (5-XI-2013).

[36] Muchos libros suyos habían quedado en la biblioteca de la Residencia Ilinizas, y otra parte ingente en la biblioteca de Guayaquil de Los Esteros. Además, ya antes había donado al Banco Central la biblioteca de su padre, que superaba los 20.000 volúmenes. «Al morir don Carlos

exquisito orden, los leía y se sabía de memoria dónde estaba ubicado cada ejemplar. En sus últimos meses de vida el P. Francisco Burguera le prestó varios auxilios, entre los que estaba el de ir a buscar libros a su biblioteca. Siempre acertaba acerca de su ubicación[37]. Ha de resaltarse que no los coleccionaba, sino que los leía. Como vimos, desde joven se metía con gruesos tomos de historia. De mayor también leía a página seguida los tomos de la Gran Enciclopedia Rialp (más conocida como la "GER")[38]. Algo semejante sucedía con las gacetas de jurisprudencia. A principios de los noventa bien pudo afirmar: «he leído desde 1952 todas las sentencias de las cinco Salas de la Corte Suprema resumiendo sus partes más importantes y seleccionando las mejores» (Pérez Pimentel, 2009).

Cuando en la Universidad de Los Hemisferios se recibió la biblioteca de Juan Larrea Holguín, aparecieron algunas sorpresas. La primera fue que un gran porcentaje de libros —al menos la quinta parte[39]— tenían firmas y dedicatorias de los autores dirigidas a Juan Larrea[40].

Manuel en 1983, heredó la Biblioteca y le pareció un cargo de conciencia conservarla como patrimonio personal. Pensando que podía servir a muchos, llegó a un acuerdo con el Banco Central del Ecuador para que la incorporara a sus fondos de lectura, con el compromiso de mantenerla en servicio público. En aquella biblioteca estuvo bastantes horas de su vida» (Vázquez, 2009, pág. 29).

[37] Cfr. Testimonio de don Francisco Burguera Pérez (en entrevista en Ilaloma de 4-XI-2013).

[38] Esta anécdota la escuché de gente que vivía cerca de él en Guayaquil, pero no recuerdo bien quién me la comentó.

[39] De la primera entrega de 1181 libros, se sacó una muestra de 20 libros de los cuales 4 tenían dedicatoria (es decir, el 20%). Respecto de la segunda entrega de 298 libros, se sacó otra muestra de 20 libros, de los cuales 8 tenían dedicatoria (es decir, el 40%).

[40] Una dedicatoria muy singular aparece en el libro *De re militari et bello tractatus*, volumen I, de Pierino Belli, editado por *The Clarendon Press* en Oxford en 1936 (no es la edición de 1563). En la contracarátula aparece pegado el escudo de armas de "Caroli Em. Larrea" y en la página siguiente la siguiente leyenda: «Para mi hijo idolatrado Juan Ignacio Larrea Holguín, el gran Jurista, orgullo de mi

Además en varios de ellos encontramos 40 documentos anexos[41]: fichas de su puño y letra, cartas, tarjetas de agradecimiento que le habían mandado amigos, apuntes breves, apuntes largos relacionados con el libro donde estaban insertos, resoluciones de la Corte Suprema y de otros organismos, y siete recortes de prensa, con el nombre del diario y la fecha precisados a mano, que contenían reseñas sobre los libros que había publicado (probablemente estaban insertados justamente en el libro comentado). No se sabe cuáles eran sus intenciones. Quizá pensaba recoger alguna idea para una futura edición del libro, quizá los archivaba para agradecer la reseña a los autores, o simplemente quería llevar el registro de lo que habían dicho acerca de sus escritos.

Pese a su enorme interés por los libros, no los trataba como si fueran suyos: por ejemplo, no los subrayaba, cuidaba su estado, etc. A mucha gente del extranjero y del Ecuador —entre los que me cuento— regaló obras suyas y de otros autores. Concluyo que aunque estaba absolutamente desprendido de los libros, los consideraba muy necesarios para poder profundizar con la debida competencia en las materias que estudiaba.

Ha de añadirse que también estaba desprendido de la autoría de sus libros. No le importaba que le imputen las doctrinas que él había preparado. Sólo le interesaba que la buena doctrina se difundiera. Por eso no dudó en nombrar coautor al doctor Julio Tobar Donoso en las primeras ediciones de su libro de *Derecho constitucional ecuatoriano*[42], aunque la aportación del Dr. Tobar era

---

cuna y de mi nombre, con todo el amor de su padre. (firma) Quito, 24-VI-1970».

[41] 28 anexos estaban en los 1181 libros entregados por la Corporación de Estudios y Publicaciones (CEP) y 12 anexos estaban en los 298 libros que llegaron directamente de Iñaquito.

[42] El doctor Julio Tobar Donoso escribió únicamente el primer capítulo de la primera edición de *Derecho constitucional ecuatoriano*, que data de 1978. En las posteriores ediciones, incluso después de fallecido este

mínima. Más elocuente es la anécdota que oí a Rodrigo Merino Barros cuando vivía en la Residencia Ilinizas el año 2006: contó con gracia que un buen día Mons. Larrea le había preguntado si quería que lo pusiera como coautor del Tratado de las obligaciones que estaba terminando de escribir, a lo que respondió «encantado». Y así fue. No le costó mucho a Rodrigo codearse con el mejor jurista del Ecuador. Fue un simple favor[43].

De su epistolario aparece que se escribía con muchos autores, profesores, autoridades y editorialistas. Consideraba importante felicitar a todos los que escribían un texto bueno o hacían una obra honrosa: decía que «casi siempre, cuando las personas hacen el mal todos le caen, pero cuando hacen el bien nadie les dice nada» (en Riofrío, 2013).

A comienzos de los años noventa la producción científica que había logrado era muy consistente. Fue entonces invitado por la Embajada de los Estados Unidos a visitar Washington, donde dio clases de derecho en varias

---

autor, Juan Larrea lo seguirá mencionando como coautor en varias ediciones, hasta que decidió reescribir todo el capítulo. No quería poner en su boca cosas que no dijo. Sin embargo, un año antes de fallecer, en agosto de 2005, tuvimos una conversación en su casa de Iñaquito donde le pregunté quién podría actualizar ese libro en el futuro. Ya se veía que la Constitución podía cambiar. Indicó que si cambiaba mientras viviera, él la actualizaría; si el cambio ocurría cuando ya no estuviera, me encargaría yo.

[43] El libro que figura bajo la autoría de Juan Larrea Holguín y Rodrigo Merino Barros es el *Derecho Civil del Ecuador. Las Obligaciones*, volumen XI, Corporación de Estudios y Publicaciones (CEP), Quito: 2004. Considero que tuvo este detalle de cariño con Rodrigo Merino (+2010) al ver que era una persona de gran talento humano que voluntariamente no había hecho carrera en el derecho por dedicar todo su tiempo a sacar la labor apostólica. Como contrapunto, el doctor Efraín Pérez Camacho, que está actualizando ese tomo, opina que la redacción del volumen XI difiere mucho de la clásica de Mons. Larrea; según él, es tan esquemática que parece de otro autor. En entrevista a Efraín Pérez en la Universidad Andina Simón Bolívar, de 13-XI-2013.

universidades. Grande fue su alegría cuando, con esa ocasión, visitó la Biblioteca del Congreso de los Estados Unidos y encontró todas sus obras completas. Quien le atendió hizo el comentario de rigor: «usted debió tener un gran equipo de colaboradores». Él contestó para sus adentros: «¡si supieran que mi archivo es una caja de zapatos, que no tengo secretaria y yo trabajaba sólo!» (Marroquín, 5-XI-2013).

Con semejante producción asombra mucho la respuesta que tuvo en una entrevista de 1995. Un periodista del diario Hoy le preguntó: «Monseñor Larrea, al cabo de 66 años de fructífera vida intelectual, de grandes realizaciones humanas... ¿qué balance haría de su vida?». A lo que contestó: «que pude haber dado más. Una multiplicidad de ocupaciones me han impedido terminar algunos libros. Por ejemplo: los comentarios al Código Civil, me he quedado en el volumen séptimo, tengo avanzados los estudios pero desgraciadamente las ocupaciones, como le repito, me impiden avanzar. Con el Repertorio de Jurisprudencia, del que hemos pasado los 30 volúmenes, es algo en lo que también hemos empeñado nuestro esfuerzo intelectual. Estoy trabajando en una Historia del Derecho ecuatoriano, para estudiantes, que me está demandando un enorme trabajo, pero la hemos asumido con gusto. Y espero que Dios nos ayude para concluirla» (Hoy, 15-I-1995).

Y Dios le dio vida para concluir esos trabajos que tenía en mente. Fue el primer jurista ecuatoriano, y hasta ahora el único, que terminó el comentario al Código Civil del país. Como pensaba que no tendría fuerzas suficientes, al principio le encargó el tomo de las obligaciones a René Bustamante, quien avanzaba a ritmo un poco cansino[44]. Juan Larrea le supervivió a René Bustamante, y en medio

---

[44] Efraín Pérez afirma haber encontrado el borrador del comentario a las obligaciones de René Bustamante. Cfr. entrevista a Efraín Pérez en la Universidad Andina Simón Bolívar, de 13-XI-2013.

de grandes dolores pudo terminar este y los restantes tomos por su cuenta.

Muchos académicos esperan que su salud mejore un poco para retomar la pluma y aventurarse en nuevas investigaciones. No eran estos los ánimos del Dr. Larrea. Los dolores del cáncer fueron siempre en aumento, a tal punto que en los últimos años le ponían calmantes que eran muchas veces más fuertes que la morfina. Algún día le retrasaron la dosis y tuvo que soportar el dolor a secas por más de una hora en la que no gritó, sino que sólo ponía caras templadas, como si de repente tuviera uno que otro tirón (Larrea Falconi, 19-XI-2013). En ese estado se decidió a embarcarse en una nueva empresa: la de escribir con un grupo de especialistas la Enciclopedia Jurídica del Ecuador, que tendría unos 24, 25 o 26 volúmenes. Sacó 3500 palabras de la jurisprudencia y del libro de la Bibliografía del Ecuador que había publicado. De ahí escribió a unas doscientas personas animándolas a escribir, de las que sólo contestaron treinta. Como no pagaba, pocos se animaron. La idea revivió cuando Jorge Rodríguez encontró la manera de tener un sustento económico y entonces llegaron a publicarse ocho volúmenes (de los cuales cuatro de Derecho civil correspondían a Mons. Larrea). Ofreció pago, decía el año 2006, «pero aquí hay un autor que no ha sido pagado» (Larrea, 2006). Según pensaba entonces, el proyecto debería de estar terminado para el año 2006. Monseñor murió sin verlo realizado.

IV. La posibilidad de hacerse cargo de una Universidad ecuatoriana

Como queda escrito, Juan Larrea dejó un aporte docente y literario de primera magnitud a la universidad ecuatoriana: enseñó en varias instituciones educativas de las más diversas corrientes, escribió decenas de libros, participó en innumerables encuentros académicos, fundó varias entidades docentes, fue miembro e incluso director de diversas asociaciones académicas… Pero estaba convencido de que lo más importante de su vida no era esto, sino hacer lo que Dios le pedía en cada momento, vivir con la máxima fidelidad su vocación dentro del Opus Dei. En una ocasión comentó que descubrió su vocación en 1948, cuando tuvo «la suerte de extraordinaria de conocer a quien es ahora un Beato de la Iglesia Católica [Josemaría Escrivá de Balaguer]. Esto es indudablemente el hecho más importante de mi vida, el más trascendental y por el que más tengo agradecimiento a Dios» (Riofrío, 1998).

Por lo mismo, ya puede uno suponer los grandes deseos que habría tenido de que se fundara en el Ecuador una Universidad con el espíritu de la Obra. Ya hemos visto cómo en su estancia en Roma encomendó mucho, junto a san Josemaría, el montaje del colegio Gaztelueta, la fundación de la Universidad de Navarra y de todas las universidades que vendrían después. Sin duda desde entonces ambos, el Padre y Juan, habrán soñado el momento en que se pudiera iniciar una universidad semejante en el Ecuador.

Otro acercamiento importante a la academia ecuatoriana sucedió en 1954. Juan ya gozaba de prestigio como docente y como abogado, y muchos conocían que había regresado al Ecuador para comenzar la labor del Opus Dei en estas tierras. En ese momento el Opus Dei en el Ecuador era única y exclusivamente este joven de 26 años y nadie más. A principios de ese año se dio una coyuntura donde se mostraba factible que esta institución de la Iglesia se hiciera cargo de la Escuela Politécnica Nacional.

La Escuela Politécnica Nacional tenía el prestigio de ser el más antiguo instituto de educación superior técnico del Ecuador. Fue fundada el 27 de agosto de 1869 en Quito por el presidente Gabriel García Moreno, con el fin de contar con un centro de investigación y formación de profesionales en ingeniería y ciencias de alto nivel. Para este propósito, García Moreno trajo un grupo de religiosos jesuitas alemanes, quienes en un inicio estuvieron a cargo de esta Escuela y del Observatorio Astronómico quiteño. Sin embargo, por esos avatares de la vida permaneció cerrada durante algunas décadas, hasta que en 1935 el Presidente de la República, José María Velasco Ibarra, la reabrió en los últimos meses de su primer mandato presidencial (1934-1935).

Velasco Ibarra volvió a preocuparse de esta institución universitaria en su tercer mandato (1952-1956). Para darle vuelos de altura, el Presidente encargó al Rector de la Escuela Superior Politécnica, el Ing. Galo Pazmiño, la traída de catedráticos europeos de renombre. Fue entonces cuando Galo Pazmiño acudió a Juan Larrea para que le auxiliara en este asunto. En sus palabras: «el Ing. Pazmiño con insistencia me pedía que lograra la venida de tres o cuatro catedráticos de Ingeniería y ciencias incluso, me propuso formalmente que el Opus Dei se hiciera cargo íntegramente de ese muy prestigiado centro de enseñanza superior. También esto pareció, San Josemaría que podía ser una manera providencial de comenzar aquí [en Ecuador, la labor del Opus Dei], pero no fue por el momento posible contar con el grupo numeroso de catedráticos que habría sido necesario tener» (Larrea, 2007, pág. 123-124).

Como testimonio el propio Juan Larrea, san Josemaría le insistió en procurar llegar a un acuerdo con los directores del Opus Dei de la Región de España para traer de allá algunos profesores (cfr. Larrea, 2007, pág. 124)[45]. Sin tardar Juan se puso en contacto con los españoles y les envió varias cartas. Sin embargo, ningún éxito tuvo en sus gestiones. El Estudio General de Navarra demandaba muchos profesores, y había que contar con gente para la expansión de la Obra en todo el mundo.

---

[45] Cfr. también Carta de Josemaría Escrivá de Balaguer a Juan Larrea Holguín, 2-III-1954, AGP, Sec. A, Leg. 265, Carp. 5.

Ese mismo año 1954 Juan Larrea recibió otra interesante proposición, esta vez de su confesor, el Canónico Ángel Gabriel Pérez, que era Deán de la Catedral y Vicerrector de la Universidad Católica. Como se dijo, esta Universidad había sido fundada en 1946 por el Arzobispo de Quito, Card. Carlos María de la Torre, y por un grupo de sobresalientes juristas, entre los que se contaba el Dr. Julio Tobar Donoso, primer decano de la única Facultad que entonces existía. Como hasta ese momento la Universidad carecía de atención espiritual, el Vicerrector le propuso a Juan Larrea que gestionara la venida de algún sacerdote de la Obra para que asumiera la dirección espiritual de la institución. San Josemaría, que encomendaba y seguía de cerca todos los pasos de su hijo en Ecuador, le escribió interesándose por el asunto: «dime cuál es el régimen de la Univ. Cat. de Quito: si es posible envíame los estatutos»[46]. Nuevamente, como dice Juan, «la petición no pudo ser atendida favorablemente por no contar por entonces con suficientes sacerdotes» (Larrea, 2007, pág. 120). Esta Universidad no resolvió la cuestión de la atención espiritual sino hasta 1962, año en que su administración y gobierno fue confiado a la Compañía de Jesús, con el beneplácito y agradecimiento del padre Juan B. Janssens, S. J., prepósito general de la Orden.

Estos no fueron los únicos ofrecimientos que recibió Juan Larrea de encargarse de una institución educativa. Un año antes, en marzo o abril de 1953 el Rvdo. Miguel Enrique Romero ya había manifestado su deseo de que la Obra gestionara el colegio de segunda enseñanza que él mismo había fundado, y que por aquel tiempo era el de mayor prestigio en Quito (cfr. Larrea, 2007, págs. 120-121). Algo similar sucedió varias décadas más tarde con la

---

[46] Respecto a la Universidad donde daba clases, por ejemplo, le dice: «dime cuál es el régimen de la Univ. Cat. de Quito: si es posible envíame los estatutos» (Carta de San Josemaría a Juan Larrea Holguín, 1-VI-1954, AGP. Sec. A, Leg. 266, Carp. 1).

Universidad Técnica Particular de Loja, que se ofreció al Opus Dei. Sin embargo, estas peticiones no pudieron ser atendidas por falta de gente que viviera el espíritu de la Obra. Gracias a Dios, otras instituciones de la Iglesia pudieron luego hacerse cargo: el colegio fue confiado a los Hermanos Maristas y la Universidad a los Misioneros Identes[47].

V. La Universidad de Los Hemisferios y Mons. Larrea

Juan Larrea albergó durante toda su vida el sueño de que algún día la Obra se encargaría de la dirección espiritual de una Universidad en Ecuador. Cuenta el P. Marroquín que muchas veces teorizaba sobre la necesidad de contar con una Universidad para dar mucha formación. En una ocasión, cuando iban en carro y se divisaban cerca las torres de la Basílica del Voto Nacional y el convento anexo, indicó que esos edificios podrían ser un buen lugar para emplazar una Universidad. «Su obsesión era crear una universidad. En su corazón estaba esta idea y seguro rezaba mucho por la universidad que habría en el Ecuador. Luego, en esa conversación teorizó sobre la necesidad de formar la inteligencia y el corazón de las personas»[48]. Yo mismo lo oí varias veces acerca de este proyecto y aún recuerdo algunas de sus expresiones. Por ejemplo, decía que la Universidad sería «un potente faro de luz para la sociedad», «un medio

---

[47] La Universidad Técnica Particular de Loja fue fundada por la Asociación Marista Ecuatoriana (AME) en 1971 por Decreto Ejecutivo 646 (publicado en el Registro Oficial 217 de 5 de mayo), al amparo del convenio de "Modus Vivendi" celebrado entre la Santa Sede y el Ecuador. El 27-X-1997, la Diócesis de Loja traspasó la conducción de la Universidad al Instituto Id de Cristo Redentor, Misioneros y Misioneras Identes.

[48] Testimonio del P. José Marroquín Yerovi (entrevista de 5-XI-2013 en Ilaloma).

extraordinario para dar doctrina»; «ya llegaría» ese sueño tan encomendado por él y por san Josemaría, «cuando hubiera gente suficiente» para atender una labor de tal magnitud.

Aquí la historia se mezcla con la de un grupo de empresarios, profesionales y académicos ecuatorianos que estaban preocupados por la educación superior de nuestro país. Alejandro Ribadeneira recuerda que en 1998 hubo un punto de quiebre, una voluntad más decidida de emprender este proyecto que les llevó a constituir la Corporación Univérsitas que promovería la creación de la Universidad de Los Hemisferios[49]. De los catorce miembros fundadores, cinco pertenecían al Opus Dei, y de estos cinco, todos comparecieron por sus propios derechos, y nunca en representación de esta institución de la Iglesia.

Desde el inicio se procuró fundar una Universidad nacida desde la sociedad civil y guiada «por los principios derivados de una concepción cristiana del ser humano, de la sociedad y del mundo» (Estatuto, art. 7)[50]. No nació como

---

[49] Testimonio de Alejandro Ribadeneira Espinosa, 25-XI-2013. Los trabajos de elaboración del proyecto educativo iniciaron en 1998 y contaron con el apoyo de muchos académicos nacionales y extranjeros. En 1999 se constituyó el ente promotor de la Universidad, la Corporación Univérsitas. Ese mismo año la Universidad Técnica Particular de Loja concedió el auspicio y patrocinio al nuevo proyecto educativo, y la Universidad Católica Santiago de Guayaquil dio su aval académico para la creación de la Universidad. La institución recibió la aprobación del Pleno del Conesup Resolución RCP-S08-No. 270-03 de 30 de abril del 2003, donde emitió informe favorable para la creación de la Universidad, y el 4 de mayo de 2004 fue aprobada por el Congreso Nacional, como una persona jurídica de derecho privado, autónoma, sin fines de lucro y de interés social. La Ley n° 2004-36 de creación de la Universidad de Los Hemisferios fue publicada en el Registro Oficial n° 345 de 31-V-2004. El art. 2 de esta ley preveía cinco unidades académicas iniciales: artes y humanidades, ciencia y tecnología, comunicación, ciencias jurídicas y ciencias empresariales.

[50] El Estatuto de la Universidad dice: «Art. 7.- La Universidad de Los Hemisferios, en toda su labor, se guía por los principios derivados de una concepción cristiana del ser humano, de la sociedad y del mundo;

una obra corporativa[51] del Opus Dei, aunque sus promotores conocían y procuraban vivir el espíritu universitario de Josemaría Escrivá de Balaguer. Con todo, se albergaba la esperanza de que algún día la Obra prestara su apoyo para asegurar que los principios cristianos empaparan la vida de la nueva universidad. Así lo manifestaron repetidas veces y con insistencia, al Vicario Regional y a otras autoridades del Opus Dei.

El nuevo proyecto educativo requería de muchos trabajos. De mayo a octubre de 2004 se terminaron de preparar todos los planes de estudio, sílabos, se definieron profesores y, en fin, se realizaron las demás gestiones administrativas y de promoción necesarias para comenzar clases. Para esta época Mons. Larrea ya vivía en Quito y pudo conocer más de cerca este proyecto académico. El 15 de septiembre del 2004 se bendijo la primera piedra y un mes más tarde, el 18 de octubre, la Universidad abría sus puertas para recibir a cien estudiantes. Era el primer día de clases.

Un año más tarde me incorporé yo a este proyecto como Decano de la Unidad Académica de Ciencias Jurídicas y Políticas. Ahí fui testigo de algunos auxilios que Monseñor Larrea prestó a esta institución. Por ejemplo, nos ayudó enviando un elenco de posibles profesores para la

---

concepción que puede ser compartida por cuantos, con independencia de su credo religioso, reconocen la dimensión espiritual del ser humano». El art. 7 desarrolla el art. 6 del Estatuto, el mismo que contiene la Visión de la Universidad (de hecho, cuando en la publicidad se habla de la Visión de la Universidad de Los Hemisferios, se copia a párrafo seguido el texto del art. 7). La disposición además concuerda con la regulación interna de la institución. Así, por ejemplo, cuando el Reglamento Académico define los deberes de los estudiantes, se pone en primer lugar el de «acatar las normas del Estado y de la Universidad y respetar los principios de la moral cristiana» (Art. 8, lit. a).

[51] En un inicio no fue ni "obra corporativa", y ni siquiera "labor personal", que es el menor vínculo que una entidad puede tener con el Opus Dei en lo relacionado con el aval de la orientación cristiana. Más adelante se explicarán brevemente estos conceptos.

Facultad de Derecho, todos valiosos juristas ecuatorianos y amigos de él. También colaboró revisando los programas de las materias, los planes curriculares, varios documentos constitutivos.

Con todo, la verdad es que no fue muy grande grado de involucramiento directo de Mons. Larrea en la Universidad de Los Hemisferios. Piénsese que en el 2003 había dejado el Arzobispado por su invasiva enfermedad. Monseñor sólo vio nacer este proyecto: los dos primeros años de vida universitaria coincidieron con sus dos últimos años de vida, aquellos en los que más sufrió. Sin duda habrá ofrecido muchos de sus dolores para empujar este proyecto que, con alguna probabilidad, podría terminar siendo una obra corporativa de la Obra que él había iniciado en Ecuador.

Muchas veces se lo invitó a dar conferencias o a participar en actos académicos, y siempre quiso venir, pero su salud se lo impedía. Durante una temporada se sintió algo mejor y por eso aceptó dar una conferencia. Sin embargo, la noche anterior al evento su salud empeoró y en el último momento tuvo que excusarse (Ribadeneira, 25-XI-2013). Seguramente habrá ofrecido esos dolores que le impidieron por esta Universidad.

Ante tal problema, al doctor Jaime Baquero de la Calle, que por entonces daba clases de Filosofía del Derecho, se le ocurrieron dos ideas que la Universidad de Los Hemisferios recuerda en su historia. La primera fue la de llevar a algunos alumnos suyos a la casa donde vivía, Iñaquito, para tener una tertulia con Monseñor. En esa conversación habló del hallazgo del cuerpo de Gabriel García Moreno[52], del proyecto editorial de la Enciclopedia Jurídica del Ecuador y de otros asuntos menores. Aún se conserva el registro en audio de esa tertulia.

---

[52] Reproducimos al final de este libro la exposición de tal hallazgo hecha por el mismo Mons. Larrea en aquella ocasión.

Además, por moción de Jaime Baquero y por insistente petición de sus alumnos de la Universidad, se programó que Mons. Larrea diera una clase durante la hora en que el profesor normalmente impartía la materia de Filosofía del Derecho. Así, una mañana del segundo semestre del año 2005 el doctor Baquero fue a recoger a Mons. Larrea a su residencia, Iñaquito, de donde salieron después del desayuno. Ambos se trasladaron a la Universidad en el carro que por entonces usaba Mons. Larrea, un Toyota Corolla blanco. Al llegar dieron una pequeña vuelta por el campus y fueron al aula A2 (hoy P2) para la clase. Ya había corrido la voz y el aula se repletó con los alumnos de filosofía[53] y con otros muchos que se interesaron por la figura que les visitaba. También estaba presente la Vicerrectora. Mons. Larrea comenzó mencionando que sería bueno rezar un Avemaría para empezar la clase; todos los asistentes respondieron la segunda parte de la oración mariana y la lección dio inicio. Comenzó hablando de esperanza. Les hizo ver que estaban metidos en un proyecto de gran trascendencia futura y que era grande la responsabilidad que tenían por ser la primera generación; seguramente recordaría su propia experiencia de pertenecer a la primera promoción de la Universidad Católica. Luego les dio varios consejos para la carrera, destacando la importancia del estudio serio y de la búsqueda de la verdad a través de los propios cauces del Derecho. Habló también de la necesidad de ejercer más adelante la profesión con responsabilidad y sentido de servicio hacia toda la sociedad. Se le notaba bastante contento (Baquero, 17-XI-2013). Un alumna de esa época recuerda: «éramos muy pocos, y nos entregó la batuta. Nos hizo cargo de la responsabilidad de ser la primera promoción. Había que

---

[53] Entre ellos se encontraban María Paz Dávila Andrade, Rafaela Baroja Crespo, Felipe Llorca Vega, Carolina Torres Trueba, Santiago Aguirre Zaldumbide, Andrea Prócel Villalba, Bianca Garzón Arias. Además habían otros como Gonzalo Mitau Caride.

plasmar el pensamiento católico no sólo en los papeles, sino en el cotidiano vivir» (Torres, 20-XI-2013).

Otro gesto de cariño con la Universidad de Los Hemisferios fue el que tuvo en la casa de Miranda, durante el curso anual[54] de septiembre de 2005. Aunque sobre Mons. Larrea pesaba un cáncer de nueve años, no lo mostraba en absoluto: lo llevaba con ejemplar fortaleza. En las mañanas le gustaba pintar cuadros al óleo en el cálido patio de la casa, donde tenía suficiente luz para dar sus trazos maestros. Por eso me animé a buscar ilustraciones de paisajes que pudieran servirle de inspiración para pintar nuevos cuadros. Encontré una revista, Gaia, y el libro "Ecuador del Pacífico" que contenían fotos de nuestro país. Le gustaron mucho. Durante los días siguientes dedicó las mañanas a pintar tres temas de los que le había proporcionado. Unos quedaron mejor que otros, pero todos quedaron bien. El que más me gustó fue el que plasma la foto de Bolo Franco del Estero del Golfo de Guayaquil. Cuando estaba dando las pinceladas finales mencionó que quería añadirle un barco sobre las aguas. Yo recordaba el estilo grueso, fuerte y poco acabado de sus pinturas de barcos y me pareció que desentonaba con el bucólico paisaje de tonos pasteles que tenía enfrente, así que se lo impedí. El no insistió más. Las obras acabadas se exhibían por la tarde en la tertulia, para merecer el comentario generalmente elogioso de los contertulios. Luego pasaban al patio para juntarse con el resto de cuadros de la exposición, que se secaban al abrigo del patio. Pues bien, la última noche del curso comenzamos a hacer las maletas para partir temprano a la mañana siguiente. Los cuadros empacados quizá ya tenían dueño en la cabeza de Monseñor Larrea. Por lo narrado me sentí con algún derecho —aunque no tenía ninguno— de pedirle uno de ellos para la Universidad. Me dio a escoger el que yo quisiera, y por supuesto escogí el

---

[54] A nota 19 quedó explicado qué es un curso anual.

que más me gustaba. Al día siguiente nos despedimos y nunca más volví a vivir junto a él. El cuadro lo guardé, lo colgué durante un año en mi despacho de abogados y luego lo entregué a la Universidad para la memoria de este querido maestro[55].

A mediados del año 2006 sugerí a las autoridades de la Universidad la posibilidad de conferir el doctorado *honoris causa* a Mons. Larrea. La idea encantó a todos, y desde ese momento se iniciaron los preparativos para la ceremonia. Sin embargo, las clases terminaron en seguida, los estudiantes salieron a vacaciones y Mons. Larrea ingresó a su último curso anual, en donde falleció el 27 de agosto de 2006. Sólo más tarde la Universidad de Los Hemisferios pudo entregarle el doctorado *honoris causa post mortem*, en la solemne ceremonia de graduación de los alumnos fundadores que se llevó a cabo en el teatro Bolívar, cuando se cumplían tres años de su fallecimiento. Fue un reconocimiento por su gran trayectoria como jurista, pastor, humanista y ecuatoriano eminente. El doctor Jaime Baquero de la Calle desempeñó la honrosa función de Padrino del doctorando. Su sobrino Fernando Larrea recibió las insignias académicas a nombre de su tío: el libro, el anillo, el diploma y la muceta.

Mons. Larrea no pudo ver realizado en vida el sueño de que existiera una universidad ecuatoriana que sea obra corporativa. Ello sólo se dio un lustro más tarde, cuando sucedió un evento inesperado. El sábado 10 de julio del 2010, al medio día, el Prelado del Opus Dei, Mons. Javier Echevarría visitó el campus universitario. Inicialmente se preveía una corta visita de un cuarto de hora. Pero luego de la vuelta de reconocimiento y de haber plantado el magnolio que aún sigue creciendo a los pies de la estatua de la Virgen de la Universidad, el Padre se entretuvo con el cuerpo docente y con los alumnos que encontraba al paso. La visita

---

[55] Estos y otros datos constan en la carta que escribí para entregar el cuadro a la Universidad de Los Hemisferios, que data de 23-III-2007.

duró 45 minutos, hasta la 1:10 p.m. en que tuvo que salir a toda prisa hacia la sede del Vicario de la Prelatura del Opus Dei en Ecuador. Allá expresó sus deseos de acoger esa petición que repetidas veces habían hecho las autoridades académicas de que la Obra apoyase formalmente esta iniciativa educativa.

Por esta sugerencia del Prelado del Opus Dei, Mons. Javier Echevarría, el 11 de febrero de 2011 la Universidad de Los Hemisferios se constituyó directamente en obra corporativa del Opus Dei[56]. Conviene entender bien qué significa que una entidad sea obra corporativa. En la Iglesia católica existen dos tipos de labores: unas que dependen directa y oficialmente de la jerarquía eclesiástica, y otras «constituidas por la libre elección de los laicos y se rigen por su juicio y prudencia» (Concilio Vaticano II, Decreto *Apostolicam actuositatem*, n. 24). Entre estas últimas se encuentran las obras corporativas, que son «aquellas labores en las que, a petición de los promotores, la Prelatura presta la atención pastoral y la orientación cristiana de sus actividades» (Prelatura del Opus Dei, 2010, pág. 134). De esta manera, la Prelatura sólo interviene para garantizar la orientación cristiana de la formación mediante el trabajo de los capellanes, de los profesores de fe o moral, asesorando en cuestiones doctrinales y también procurando que haya una estable participación de fieles de la Prelatura en su promoción y dirección. Pero estas iniciativas se promueven por los ciudadanos a título personal, que las dirigen y administran libremente bajo su responsabilidad, de acuerdo con las leyes civiles de cada país, en todo lo relativo a las cuestiones jurídicas, técnicas, económicas, etc.

Si Mons. Larrea hubiera conocido estos hechos pienso que se hubiera volcado más de lo que se volcó con

---

[56] Algunas instituciones primero adquieren el estatuto de "labor personal", para luego de consolidarse, pasar a ser "obra corporativa". No sucedió así con la Universidad de Los Hemisferios, que de ser nada pasó directamente a ser obra corporativa.

esta Universidad. Ahora ya lo sabe y, como les consta especialmente a los administradores, presta sus buenas ayudas desde el cielo. A su intervención probablemente se debe, por ejemplo, el hecho de que desde el 2012 la Universidad de Los Hemisferios haya adquirido su biblioteca personal[57], que se la ha clasificado, sellado y custodiado como reliquias de un hombre que murió en olor de santidad.

Cabe añadir una última anécdota relacionada con Mons. Larrea y esta Universidad. Desde inicios del presente año 2013 el doctor Jaime Flor Rubianes, el Arq. Arturo Guerrero y otros colaboradores promovieron el diseño y construcción de una estatua para el primer doctor *honoris causa* de la Universidad de Los Hemisferios. Dios mediante posará en los jardines del campus el año 2014. Tuve la oportunidad de participar en una tertulia con Mons. Javier Echeverría en Villa Tévere, el 29 de mayo de 2013. Ahí le conté acerca del proyecto de la estatua, sin saber cómo lo tomaría. El Padre contestó: «está muy bien. Don Juan se merece eso y mucho más, porque fue una persona muy trabajadora, muy profunda y muy fiel».

VI. A manera de conclusión

De este recorrido histórico podemos concluir que Juan Larrea Holguín es un eximio modelo de estudioso, investigador y profesor. Tuvo extraordinarias dotes

---

[57] En un principio la biblioteca fue a parar a las bodegas de la Corporación de Estudios y Publicaciones (CEP). Los libros se entregaron en comodato en 32 cajas, donde se adjuntó una lista de 1264 libros. A la hora de verificar caja por caja apareció faltaban 83 libros y que una obra no estaba en el elenco. Un año más tarde, conversando con el doctor Santos Alesón, se descubrió que en Iñaquito había tres cajas adicionales con 298 libros que pertenecieron a la biblioteca de Mons. Larrea; desde el 18-XI-2013 esos libros se encuentran en la Universidad de Los Hemisferios y están siendo ahora catalogados.

intelectuales y una memoria fuera de lo normal, además de una formación absolutamente cosmopolita. Supo aprovechar todo esto para formarse acabadamente en el colegio y en la universidad, y luego para transmitir toda su sabiduría desde la cátedra y mediante su prolífica producción bibliográfica.

En el siguiente artículo ofreceremos un estudio sistemático de la visión que tuvo sobre la educación superior y sobre la labor universitaria.

VISIÓN DE LA UNIVERSIDAD Y SU ALCANCE

Volvemos ahora sobre la emblemática figura de Mons. Larrea y sobre su aporte en la universidad ecuatoriana. Después de haber analizado su trayectoria académica, pasamos a ver ahora cómo comprendió el quehacer universitario. Para ello, revisaremos cómo vivió y entendió cada una de las virtudes que deben estar presentes en el investigador y el profesor[58].

Partimos este estudio de la premisa, antes explicada, de que Juan Larrea supo meditar, asimilar intelectualmente y encarnar en su propia vida el espíritu de San Josemaría. Como vimos, Mons. Javier Echevarría señaló que fue «una persona muy trabajadora, muy profunda y muy fiel» (29-V-2013) al espíritu que recibió directamente de este Santo. Por ello, a fin de aquilatar mejor su visión de la universidad, al hilo de la exposición de las doctrinas y anécdotas del Mons. Larrea, engarzaremos algunas enseñanzas de San Josemaría.

La visión de Larrea sobre la universidad la encontramos fundamentalmente en cuatro obras: (i) *Doctrina para vivir* de 1986, donde explica el pensamiento católico sobre la educación; (ii) *Nuevo Catecismo Universal* de 1993, obra didáctica que resume el Catecismo de la Iglesia Católica[59]; (iii) *Educación ética y cívica* de 1993,

---

[58] Por razones de espacio no tocaremos todas virtudes prácticas o intelectuales relacionadas con la vida académica, y ni siquiera abarcaremos todas las que Mons. Larrea supo vivir de manera ejemplar, como la pobreza, el optimismo y la memoria, que en parte han sido ya tratadas en la primera parte de esta investigación.

[59] Esta obra, por tanto, presenta menos interés en este estudio sobre la visión de la academia de Mons. Larrea. No obstante, la citaremos tres

libro pedagógico para jóvenes que actualiza, en parte, la obra de 1986; y, (iv) *Derecho constitucional*, tomo I, del año 2000, donde trata de forma técnica el derecho constitucional a la educación. Además, pueden hallarse referencias parciales en otras charlas, conversaciones o discursos suyos, y en varias anécdotas de su vida que iremos hilando al paso. Este será nuestro *corpus* de estudio.

I. La finalidad de la labor universitaria

Dentro de cualquier conducta humana pueden descubrirse diferentes fines. Así, un estudiante que asiste a clases un lunes por la mañana puede hacerlo "para escuchar al profesor", "porque toca", "para pasar la materia", "para ampliar las relaciones personales" o, incluso, "para conseguir pareja"; "para aprender algo", "para demostrar que puedo", "para adquirir un prestigio"; "para graduarse", "para luego poder ganarse la vida con una profesión honesta", "para tener cómo sostener a la familia"… "para ofrecer algo grato a Dios", "para ser santos". Como se ve, las posibles intenciones de una misma conducta son múltiples: unos fines son más inmediatos y otros más a largo plazo; unos son más objetivos y otros más subjetivos; unos más profundos y otros más banales… Varios de estos fines pueden darse a la vez, pero siempre habrá uno más importante o trascendental que termine dotando de sentido al conjunto del actuar, y por tanto que termine justificando el resto de fines que por ello se convertirán en "fines-medios" para alcanzar el fin último: así, un estudiante de mecanografía puede asistir a clases "porque toca", para pasar la materia, para luego graduarse y ganarse la vida tecleando, pero si se enterara de que ya nadie contrata a esos profesionales, dejaría de estudiar la asignatura.

---

veces para corroborar su fidelidad al Magisterio de la Iglesia y para observar cómo él expone la doctrina de siempre.

La labor universitaria también tiene fines objetivos y subjetivos. Comencemos hablando de su fin subjetivo último, que tiene una cierta prioridad sobre los objetivos de cada trabajo[60]. Como se habrá podido apreciar en la primera parte de esta investigación, en Mons. Larrea es patente que la finalidad de su vida, de su trabajo y de su descanso —y, por tanto, de su labor docente— era Dios. Él era la razón por la que pidió la admisión en la Obra, por la que trabajó como abogado y como profesor, por la que se ordenó sacerdote, por la que escribió tantos libros, por la que vivió y por la que murió. De esta manera, supo encarnar en su piel un rasgo genuino de la espiritualidad del Opus Dei: la santificación personal en medio de las tareas ordinarias.

Mons. Larrea conocía bien la historia de don Eduardo Ortiz de Landázuri, que había dejado la Universidad de Granada para ser decano de la Medicina en la Universidad de Navarra, le dijo a san Josemaría: «Padre, ya hemos hecho una universidad, ¿Qué más quiere que hagamos?». La respuesta fue espontánea y rápida: «Yo no os he llamado para que hicierais una universidad, sino para que os hagáis santos haciendo una universidad»[61]. La enseñanza fue repetida varias veces por el sucesor de san Josemaría, don Álvaro del Portillo, quien a sus hijos de la Universidad de los Andes de Santiago de Chile les escribió:

---

[60] El trabajo humano, tantas veces agotador, no tiene razón de fin último. Nadie trabaja por trabajar. Tales esfuerzos, presentes también en la labor universitaria, siempre se hacen en razón de un fin personal ulterior.

[61] Eduardo Ortiz de Landázuri, *Notas sobre la historia de la Clínica Universitaria de la Facultad de Medicina de la Universidad de Navarra*, pág. 74 (en Ponz, 2001, pág. 656). La enseñanza también aparece en Camino, libro que Juan Larrea leyó repetidas veces. En concreto, el punto 339 dice: «¡Cultura, cultura! —Bueno: que nadie nos gane a ambicionarla y poseerla. —Pero, la cultura es medio y no fin».

«no perdáis de vista que el motivo final por el que estáis allí, es para haceros santos, haciendo una Universidad»[62].

Pasemos ahora a hablar del fin objetivo de la universidad. San Josemaría afirmaba que «la universidad tiene como su más alta misión el servicio de los hombres, el ser fermento de la sociedad en que vive: por eso debe investigar la verdad en todos los campos, desde la Teología, ciencia de la fe, llamada a considerar verdades siempre actuales, hasta las demás ciencias del espíritu y de la naturaleza» (Escrivá, 1993, pág. 90)[63]. Y contra los ánimos pusilánimes de quien erradamente pensaba que la ciencia podía entrar en conflicto con la fe, enseñaba a no «admitir el miedo a la ciencia, porque cualquier labor, si es verdaderamente científica, tiende a la verdad» (*Es Cristo que pasa*, núm. 10).

Con el mismo talante, Mons. Larrea afirmaba que «la verdad es una sola y el hombre tiene obligación de buscarla con empeño y de no alejarse de ella, una vez alcanzada» (1997, pág. 41), añadiendo que era evidente que «todo hombre esté obligado, precisamente por ser racional, a buscar y seguir la verdad» (2000, t. I, pág. 151). Su esfuerzo por profundizar en diferentes ramas del derecho muestra bien cómo no tenía miedo a la verdad, ni

---

[62] Carta de don Álvaro del Portillo a la Universidad de los Andes de Santiago de Chile, de 10-IX-1993. El contenido de la carta consta en Bertelsen, 2003, pág. 141. Don Álvaro también recordaba que para los profesores de la Universidad buscar la santificación personal en y a través de los deberes universitarios, con perfección humana y para el progreso espiritual y material de la sociedad, era lo único necesario (cfr. Del Portillo, 1986, págs. 19-21).

[63] Se trata del Discurso en la investidura de doctores *honoris causa* de 7-X-1967 dado por san Josemaría en la Universidad de Navarra. La consideración también se halla en otros discursos, como en "El compromiso de la verdad" de 9-V-1974, donde manifiesta que la universidad ha de ser fiel «en las inciertas circunstancias sociales del presente, a su misión de servicio a todos los hombres, mediante la investigación universal de la verdad» (Escrivá, 1993, págs. 105-106).

consideraba que la ciencia que merecía ese nombre pudiera entrar en conflicto con la fe cristiana.

Antes decíamos que el fin último reorienta toda la existencia de la persona, toda su conducta, todas las instituciones donde trabaja y toda la sociedad. Hemos de resaltar ahora que el fin último humano está particularmente vinculado con las labores universitarias porque, como decía san Josemaría, «el trabajo de la inteligencia debe —aunque sea con un duro trabajo— desentrañar el sentido divino que ya naturalmente tienen todas las cosas» (*Es Cristo que pasa*, núm. 10). Y en un discurso pronunciado ante centenares de docentes y estudiantes agregaba que era «una maravilla comprobar cómo Dios ayuda a la inteligencia humana en esas investigaciones que necesariamente tienen que llevar a Dios, porque contribuyen —si son verdaderamente científicas— a acercarnos al Creador» (Escrivá, 1993, pág. 98).

En sus estudios Larrea supo descubrir ese *quid divinum* que se escondía en realidades tan humanas y ordinarias como las leyes. Por ejemplo, en su comentario al Prólogo de la Constitución ecuatoriana, afirmó la necesidad de «remitirse a un principio superior de verdad, a una verdad trascendente»; «la invocación del nombre de Dios, proporciona al anhelo popular este sólido fundamento para la búsqueda de la verdad, para la búsqueda y la ejecución de la justicia. (...) Si se prescinde de un fundamento trascendente, se cae en el relativismo y en la arbitrariedad que conducen a su vez al despotismo, a la imposición del más fuerte», para concluir que la sociedad desea «la búsqueda constante de la verdad, bajo el signo del respetuoso acatamiento de lo que el pueblo piensa, de lo que siente, de sus convicciones más profundas, entre las que indudablemente destaca la convicción de que hay un Supremo Ser que da sentido a todas las cosas» (2000, t. I, pág. 43).

II. Amor a la verdad

El concepto de amor hoy se encuentra bastante desdibujado en la mentalidad popular, donde presenta matices de cine. La virtud del amor se la ve como una pasión, como una sensación de solaz o de alegría incontenible. Tan precaria concepción no alcanza a captar el hondo contenido del amor, que fundamentalmente desea el bien ajeno (amor de benevolencia), aún a costa del propio bienestar, y que se sublima cuando el amor es correspondido (amor de amistad).

Por ello, el amor a la verdad no se manifiesta necesariamente en una imparable pasión por estudiar o en un sentimiento de placidez en la lectura, emociones que sólo a ratos surge en la labor investigativa, que más bien se halla mezclada de tantas horas de cansancio y tedio. Además sucede que la alegría del hallazgo es más intelectual que física, aunque ambos aspectos estén profundamente vinculados en la naturaleza humana. En todo caso, esta alegría tampoco manifiesta la esencia del amor a la verdad, sino solo en un sentido reflejo. Hay una cierta ilusión que suele presentarse con más fuerza al inicio de cada investigación, y una alegría cuando los estudios arrojan resultados, pero la ilusión y la alegría no se buscan en sí mismas, sino que son un cierto reflejo del bien conseguido (en este caso, de la verdad).

El amor a la verdad es, o debería ser, el motor de la institución universitaria. Son manifestaciones inconcusas de esta inclinación profunda del corazón hacia la verdad: la confianza en su existencia, el esfuerzo denodado por conquistarla, su búsqueda ordenada y constante, la honestidad ante el dato encontrado y la fidelidad a las verdades halladas en el camino. De ellas trataremos a continuación.

a) Confianza en la verdad

Según un famoso adagio, «no se puede amar lo que no se conoce». Un escéptico absoluto no ama la verdad, sino que la desprecia al darle el valor de un cuento de niños. En el mejor de los caso la añora como a una utopía, la quiere con amor un platónico, pero la ve tan lejos que no la pretende. Algo semejante sucede con los agnósticos de la ciencia, como Popper, quien erigió su principio de falsación en filtro de todo saber, convirtiendo así todo el conocimiento humano en algo provisional, en algo a lo que a fin de cuentas no conviene prestarle mucho crédito[64]. Tampoco tienen gran amor a la verdad los reduccionistas que tratan de explicar toda la realidad únicamente desde el punto de vista de la psicología, del derecho, del lenguaje, de la economía, etc., ni los relativistas que no creen que exista una verdad objetiva capaz de ser captada por todas las generaciones. En general, Larrea consideró que eran "ofensas filosóficas" «los diversos sistemas agnósticos o escépticos, que niegan que exista o se pueda conocer la verdad; las ideologías relativistas y subjetivistas, que hacen depender todo del sujeto; el indiferentismo y ciertas formas de laicismo, que no se interesan por la verdad; todas ellas ofenden gravemente a la verdad» (1993, punto 1037)[65].

---

[64] Popper olvida que todo conocimiento es contextual y perfectible. La manzana de Newton seguirá cayendo a 9,81 m/s^2 allí donde se tomaron las muestras, aunque la explicación de tal ley podrá ser mejorada. Por eso Newton sí conoció la realidad, y podía fiarse en alguna medida de sus hallazgos. Cfr. Artigas, 1989. Sin descartar que el principio de falsación, la *epoché* de la fenomenología y otros procedimientos mentales, podrían servir como métodos posibles —entre muchos— para acceder a alguna verdad experimental, no resulta admisible erigirlos como único criterio de conocimiento, según Popper, Husserl, Freud y otros pretendieron (sobre todo en las etapas tardías de su pensamiento).

[65] Sobre el tema volvió en varios de sus escritos. Una más amplia exposición consta en *Doctrina para vivir* (1986, págs. 284-288), donde dedica el Capítulo 29 al "Amor de la verdad". Ahí expone cuáles son los problemas del agnosticismo, del relativismo, el marxismo, del

Contra estas ideologías pesimistas que desprestigian la verdad objetiva o que la miran tristemente como un ideal inalcanzable, Mons. Larrea afirmó la consistencia de este mundo y la posibilidad de nuestra inteligencia para captarla en alguna medida. «Si aceptamos esta profunda realidad de las cosas, tendremos que admitir por igual, que la facultad que Dios nos ha dado, de conocer y de querer, debe dirigirse a su finalidad: la verdad y el bien» (Larrea, 1997, pág. 94). No negaba que existiera una verdad subjetiva, pero tal verdad —para serlo— no podría estar desvinculada de la verdad objetiva. «El concepto cristiano de la verdad, coincide con estos datos del sentido común: hay una verdad objetiva: las cosas son como son, porque han sido creadas por Dios con una precisa naturaleza, con una perfección propia de cada ser. Y hay una verdad subjetiva, que consiste en la capacidad de la razón de captar aquella verdad objetiva» (1997, pág. 97).

En general, durante los siglos XVIII y XIX los científicos mantuvieron una gran confianza en la razón humana, que aseguraba un próspero porvenir a la humanidad. Hoy se confía menos en las ciencias exactas, que han visto una y otra vez desbancados sus postulados principales, como ha sucedido con la física de Newton, la de Einstein y la teoría cuántica. Más triste es el panorama en las ciencias humanas, donde las líneas de pensamiento han proliferado, contraponiéndose unas a otras, causando desazón y recelo en la sociedad. Contra estos ánimos apocados, Larrea admite una sana apertura a lo que cada

---

indiferentismo práctico «equivalente a una negación de la verdad con los hechos de una vida que abandona las exigencias de la fe» (pág. 285). Especialmente contrario a este amor se presenta la "conjuración del silencio". «Hay mala fe, voluntad conscientemente torcida de hacer el mal, en la "conjuración del silencio", que denunciaba y condenaba Pío XII: el sistemático ocultamiento de la verdad que se conoce pero que no se quiere reconocer; el callar el bien y quitar todo mérito a la acción de la Iglesia y de los católicos, para desprestigiarlos para hacerlos odiosos a la faz del mundo» (1986, págs. 285-286).

corriente de pensamiento puede aportar. Al analizar el estatuto jurídico de la educación, inspirado por los principios «éticos, pluralistas, democráticos, humanistas y científicos» previstos en la Constitución del Ecuador, observa que:

> «El señalamiento de estas orientaciones no debe considerarse como una limitación de la libertad sino como un justo encauzamiento de la misma. Una libertad ilimitada que permitiera destruir estos ideales que están en la base del convivir nacional sería una libertad mal entendida e inaceptable; no podría admitirse que bajo pretexto de libertad educativa se difundan ideas o principios destructores del Estado mismo. (…) La apertura a las diversas corrientes del pensamiento universal no significa, pues, una indiferencia absoluta referente a lo bueno y lo malo, sino la exclusión del sectarismo, del pensamiento cerrado y excluyente. Tampoco significa que hayan de enseñarse todas las corrientes del pensamiento universal, con un enciclopedismo que sería antipedagógico e inadmisible en nuestros días. Necesariamente la educación debe inspirarse en unos principios y esos principios han de ser las convicciones de los padres de familia respecto a los alumnos, ya que a ellos corresponde escoger el género de educación que ha de darse a sus hijos; pero esta orientación señalada por los padres, no es tampoco imposición de criterios ni tiranía sobre las convicciones» (Larrea, 2000, t. I, pág. 257).

Para explicar cómo la apertura de pensamiento tiene por fin la verdad, y ello no representa ningún relativismo, pone un ejemplo muy expresivo: «una sociedad civilizada no puede considerar por igual el heroísmo y la cobardía, la honradez y la corrupción, la lealtad y la felonía, la justicia y la injusticia, la caridad y la crueldad, el patriotismo y la traición, la fe y la incredulidad, la laboriosidad y la pereza, etc. Es evidente que la educación tiende a desarrollar los valores positivos. Y esto ha de ser por convicción, no por imposición» (Larrea, 2000, t. I, pág. 258).

b) Esfuerzo y valentía en la conquista de la verdad

Al recordar el refrán antes citado, «no se ama lo que no se conoce», Larrea apostillaba: «sin embargo, parece que no siempre se pone empeño en conocer bien lo que debemos amar bien» (1997, pág. 55). Lo decía al hablar del amor a la patria, tan difícil cuando se desconoce su gente, historia, pormenores…; sin embargo, cabe extender la idea a todo género de realidades, imposibles de amar si no se conocen. Entre verdad y amor, entre estudio y esfuerzo, entre conocimiento y vida, existe una relación simbiótica resaltada por muchos filósofos y teólogos. San Buenaventura, por ejemplo, al introducir al lector a su *Itinerarium mentis in Deum* lo invitaba a reparar en que «no es suficiente la lectura sin el arrepentimiento, el conocimiento sin la devoción, la búsqueda sin el impulso de la sorpresa, la prudencia sin la capacidad de abandonarse a la alegría, la actividad disociada de la religiosidad, el saber separado de la caridad, la inteligencia sin la humildad, el estudio no sostenido por la divina gracia, la reflexión sin la sabiduría inspirada por Dios» (1981, *Prologus*, 4, t. V, pág. 296).

La búsqueda de la verdad es una tarea ardua. Como decía Mons. Javier Echevarría, representa una "exigencia moral" en donde se pone en juego la diligencia intelectual que demanda la tarea del profesor universitario. «Buscar la verdad comporta, para la Universidad entera y para cada uno de vosotros, un empeño constante por fomentar en ese ámbito de investigación propiamente dicha. Lo pide el dinamismo connatural de la institución universitaria, y lo pide el bien común de la sociedad» (1997)[66].

---

[66] El discurso de Monseñor Javier Echevarría pronunciado en la Universidad de los Andes de 1997 consta en Bertelsen, 2003, pág. 144. San Josemaría precisaba que la labor universitaria ponía en juego toda la musculatura humana y sobrenatural de la persona. «Afrontar los problemas con valentía, sin miedo al sacrificio ni a las cargas más pesadas, asumiendo en conciencia la propia responsabilidad, exige una

La diligencia en la investigación supone meterse en los diferentes temas a fondo, dejar las lecturas superficiales y optar por las más pesadas, para desentrañar el sentido profundo de las cosas. Ciertamente existen personas mejor dotadas que otras para la investigación; de hecho, se define al tonto como aquel que ante una cuestión se queda enredado en los problemas de superficie, mientras el sabio rápidamente delimita el problema de fondo. Pero las cualidades personales no lo hacen todo: hace falta esfuerzo, dedicación, trabajo constante y acabado.

Respecto a las virtudes del investigador, recordamos la doctrina de Tomás de Aquino sobre la memoria, que «no es solamente fruto de la naturaleza» (*Suma Teológica*, II-II, q. 49, art. 1, ad 2) y que debe cultivarse[67], y también lo que dijo sobre las virtudes de la *synesis* y de la *ebulia*:

> La *synesis* entraña un juicio recto no en el orden especulativo, sino en el plano de las acciones particulares, objeto también de la prudencia. De ahí que, según el sentido del término *synesis,* en lengua griega se llama a algunos *syneti,* esto es, sensatos, o *eusyneti,* o sea, hombres de buen sentido, y, por el contrario, a quienes carecen de esa virtud se les llama *asyneti,* o sea, insensatos. Ahora bien, la diferencia de actos que no se reducen a la misma causa debe dar lugar a virtudes también diferentes. Pero es evidente, por otra parte, que la bondad del consejo y la bondad del juicio no se reducen a la misma causa, ya que hay muchos que aconsejan bien y no son sensatos, es decir, no juzgan con acierto. Lo mismo sucede en el orden especulativo: algunos son aptos para investigar, porque su entendimiento es hábil para discurrir de unas cosas a otras, y esto parece proceder de la disposición de su imaginación, que puede formar fácilmente imágenes diversas; a

---

renovación de la fe, un nuevo empeño de amor, y el apoyo constante en la fortaleza de la ley divina y del querer de Dios, que permite a la pobre conidción humana abrirse siempre a la Sabiduría divina, y a sus luces de esperanza cierta» (Discurso de 9-V-1974, en Escrivá, 1993, pág. 109).

[67] En este sentido, el Aquinate aconsejaba a su amigo Juan: «Acumula todo lo que puedas en el armario de la mente, como quien desea llenar el vaso» (s.f., pág. 46, consejo 15).

veces, sin embargo, esos mismos no saben juzgar bien por defecto de su entendimiento, fenómeno que ocurre sobre todo por la mala disposición del sentido común que no juzga bien. De ahí que, además de la *eubulia*, debe haber otra virtud que juzgue bien, y esa virtud la llamamos *synesis* (*Suma Teológica*, II-II, q. 51, art. 3, sol.).

Mons. Larrea tuvo todas estas cualidades intelectuales de forma natural en grado eximio. Como vimos en la primera parte de este trabajo, tenía una memoria capaz de recordar reuniones de su primera infancia con un lujo espectacular de detalles (v. gr. los nombres y cargos de los que asistían a las reuniones de sus padres); en sus libros estructuraba la argumentación con facilidad, certeza y rapidez; leía rápido y llegaba al fondo de los más complejos asuntos éticos, jurídicos y espirituales.

Este ir a las raíces del problema, tantas veces implorado por la doctrina pontificia[68], se palpa en sus libros jurídicos y de espiritualidad, llenos de consideraciones de gran calado. No se quedaba embrollado en las minucias, como reconocieron quienes le rodearon. Por ejemplo, un cliente suyo una vez le presentó una minuta de cuarenta páginas para que diera su opinión; Larrea la supo resumir en ocho páginas. Al entregársela le dijo: «cuanto más se escribe, más fácil es llevar la contraria; cuanto menos se escribe, menos se hierra» (Alesón, 5-XI-2013). También testimonia en su favor el Dr. César Coronel Jones, quien recuerda una conferencia sobre la prejudicialidad donde disputaron varios juristas con ánimos cada vez más acalorados: «fueron decisivas las palabras de Mons. Larrea que fue a las raíces del problema y, explicándolo todo del modo más sencillo y natural, zanjó el problema y no hubo

---

[68] Juan Pablo II, por ejemplo, exhortó «a recuperar y subrayar más la dimensión metafísica de la verdad para entrar así en diálogo crítico y exigente tanto el con pensamiento filosófico contemporáneo como con toda la tradición filosófica, ya esté en sintonía o en contraposición con la palabra de Dios» (Enc. *Fides et ratio*, núm. 105).

más que hablar» (Coronel, 23-XI-2013). Y ya vimos como el Dr. Jorge Pérez llegó un día a afirmar que «la mente de Juan era una mente jurídica de nacimiento: ordenada como había visto en muy pocas personas, que unida a su honestidad resaltaba mucho» (Alesón, 5-XI-2013).

Pero Larrea no se contentó con tener estas cualidades de nacimiento, sino que procuró constantemente cultivarlas para que produjeran la más rica cosecha. Santo Tomás decía que la poesía escasa verdad encierra (cfr. *Suma Teológica*, I-II, q. 101, art. 2, ad 2). Pronto Larrea captó esta verdad y, por eso, al final de su existencia pudo decir que había leído pocas novelas en su vida (pocas en comparación a los tratados y libros científicos que había leído en su vida). Cuando él leía literatura, lo hacía siempre con ánimos de formarse (recuérdese la anécdota de *Pinoculus*).

También demostró una valentía enorme para meterse en las cuestiones intelectuales más tediosas o difíciles, cuando ello era menester. Hemos ya recogido que cuando supo que a su padre lo transferirían a Roma, comenzó en seguida a estudiar italiano, y que en la universidad de esa Capital tomaba apuntes en latín, según lo que oía de sus profesores, aunque no entendía nada. Luego, al aprender la lengua, se percató que lo que había escrito como una palabra, en realidad eran dos o tres. Más tarde aprendió el francés, el inglés, y con algo menos de profundidad otros idiomas, mostrando así a quienes se dedican a la investigación la necesidad profesional de saber leer, hablar y escribir en varias lenguas. Conservó esta virtud hasta el final de sus días, cuando con un cáncer ya muy avanzado se decidió a terminar su comentario al Código Civil de quince tomos, y acometió la empresa de una enciclopedia jurídica.

Vale precisar que, de una revisión de su producción científica, se evidencia que Larrea no puso el mismo empeño en todas sus obras. Por ejemplo, en su comentario al Código Civil dedicó más espacio, citas y consideraciones al Libro 1 y a todos los temas relacionados con la familia, por existir ahí tantos tópicos cruciales para la ética y el derecho, que al libro de los contratos[69]. Entendía bien que «cuanto más serios e importantes son los asuntos, tanto más exigen un riguroso apego a la verdad. Cierto que la mente del hombre no es infalible y podemos equivocarnos con facilidad, pero, al menos, tenemos que empeñarnos en alcanzar en la mayor medida posible la verdad y comunicarla con lealtad, tal cual se nos presenta» (Larrea, 1997, pág. 96).

c) Hacer amable la verdad

San Josemaría escribió en Camino una indicación que don Juan Larrea supo cumplir con cabalidad: «Educador: el empeño innegable que pones en conocer y practicar el mejor método para que tus alumnos adquieran la ciencia terrena ponlo también en conocer y practicar la ascética cristiana, que es el único método para que ellos y tú seáis mejores» (*Camino*, núm. 344).

Ya se expuso cómo Larrea dictaba sus clases a finales de los años 60, con el método de clases magistrales propio de la época, con un orden sumamente estructurado y con una gracia que hacía que los estudiantes incluso quisieran imitar la forma en que caminaba y vestía su profesor. Su método debió cambiar con el tiempo, porque al yo recibir sus clases de filosofía, historia y teología en la década de los 90, era muy distinto: se podía interrumpir con facilidad, preguntar cuanto se quisiera, y siempre sonreía y era muy cordial. Eso sí, durante la exposición aún mantenía su gran ritmo, tanto que cansaba la mando de quien tomaba apuntes.

---

[69] De esta manera, Larrea supo cumplir algunas sugerencias de san Josemaría, como la aparecida en Forja, núm. 104, que decía: «Hay dos puntos capitales en la vida de los pueblos: las leyes sobre el matrimonio y las leyes sobre la enseñanza; y ahí, los hijos de Dios tienen que estar firmes, luchar bien y con nobleza, por amor a todas las criaturas».

Mons. Larrea preparaba sus clases, incluso aunque se las supiera de memoria, pensando cómo podían ser mejor asimiladas por sus alumnos. Alesón da fe que sus clases eran muy pedagógicas, «llenas de una racionalidad extraordinaria». «Quedaban marcadas las cosas». Tanto le gustaron las clases de Monseñor que después de décadas aún conserva los apuntes tomados en Doctrina Social de la Iglesia y en otras materias (Alesón, 5-XI-2013). También a mí se me quedaron grabadas muchas de las formas de presentar los asuntos jurídicos; aún las recuerdo y las sigo utilizando al dar clases en la universidad. Por ejemplo, al hablar de la indisolubilidad del matrimonio y de las restricciones que el Legislador había puesto para impedirla, dijo una vez que en el Ecuador llegó a prohibirse jurar "amor eterno", aludiendo a la famosa canción de Juan Gabriel; y en otra plática sobre la justicia citaba a "El Principito" del aviador francés Antoine de Saint-Exupéry, en el pasaje del juicio a la vieja rata que hacía ruido por la noche y que debía ser condenada a muerte (Riofrío, 2013).

Pero más que un mero "profesor" que enseñaba una asignatura, Mons. Larrea era un "formador" de personas con cabeza, alma, cuerpo y corazón. Por eso se empeñaba en dar ejemplo en la puntualidad y en otras virtudes, en ser optimista para animar a otros, en corregir con el mayor tino posible. Por eso consideraba importante felicitar por escrito a quienes escribían un texto acertado o hacían una obra honrosa: «casi siempre, cuando las personas hacen el mal todos le caen, pero cuando hacen el bien nadie les dice nada», decía (en Riofrío, 2013).

En el fondo, él no veía "alumnos", sino hijos de Dios, y eso le llevaba a quererlos con sus virtudes y defectos. Evitaba así el riesgo denunciado por Ibáñez-Langlois cuando hablaba de «esa tendencia tan espontánea y a la vez poco natural que tenemos los profesores —e incluso algunos padres de familia— de considerar al alumno o al hijo bajo la categoría de "un escolar". Se tiende así a apreciar al niño o joven por su rendimiento o por su disciplina, es decir, por la satisfacción que nos producen sus resultados. Esta visión corre el riesgo de fomentar los éxitos externos y descuidar o imaginar, inconscientemente tal vez, a tantos que "aparentemente no resultan"» (2003, pág. 54).

d) Humildad en la investigación y en la enseñanza

Por los años 20 san Josemaría preguntó a una persona: «¿Has visto las cumbres nevadas de las grandes montañas?» En seguida se contestó: «Así son las grandes ideas y las grandes inteligencias: parecen distantes, ajenas, aisladas, pero de esa nieve proviene el agua que hace fructificar los valles» (en Gómez, s.f., pág. 45, nota 38). Estas palabras son en parte aplicables a Mons. Larrea, que fue verdadera cumbre que irrigó los valles ecuatorianos y la superficie del mundo con sus ideas. Sin embargo, aunque nunca fue de temperamento extrovertido, primario o explosivo, tampoco fue una personalidad distante, ajena o aislada. En propiedad, era una persona sumamente sencilla y de una extraordinaria humildad. Quizás esta era la virtud que más resaltaba cuando recién se le conocía.

Varios ejemplos muestran su elevado grado de humildad: trataba con igual afabilidad a ricos y pobres, a intelectuales, amas de casa y gentes de negocios… sin intentar "quedar bien" ante nadie; no se irritaba; en las conversaciones cotidianas dejaba pasar con largueza la opinión contraria, incluso aunque estuviera sumamente errada y tocara materias que claramente dominaba. Por ejemplo, cuenta Baquero que en agosto de 1997, durante una conversación sobre su tesis, se le escapó un errado comentario acerca de la revisión constitucional de una sentencia de la Ley de Libertad Educativa. Mons. Larrea, que lo escuchaba, lo cogió del brazo y le preguntó si estaba seguro. Se trataba de un dato fáctico, fácilmente verificable en los periódicos, que convenía mucho aclarar. Como Baquero se empecinara en el error, Monseñor simplemente insinuó que quizá convenía revisar el asunto. Días más tarde verificó los hechos y advirtió con sorpresa que Monseñor mismo había intervenido personalmente en los asuntos conversados (Baquero, 2013). Muchos experimentaron que se podía conversar tranquilamente con él sobre temas jurídicos, éticos o históricos, sin estar a su altura y sin sentirse en absoluto incómodos (cfr. Baquero, 2013; Marroquín, 2013; Mönckeberg, 2013, etc.).

Mons. Larrea recibió insignes cargos y altas distinciones desde muy temprano: en el Colegio de La Salle obtuvo varios reconocimientos y ahí fue abanderado; tuvo el honor de ser el primer graduado de la Universidad Católica del Ecuador, primer ex-alumno profesor; estuvo a cargo de varias misiones diplomáticas, formo parte de varias comisiones para reformar la Constitución de la República, obtuvo cuatro doctorados en vida[70]; ganó el Premio "La Salle", el Premio Nacional Eugenio Espejo "Creación Científica", el Premio Tobar de la Municipalidad de Quito...[71] Nunca dio gran importancia a estos honores, aunque los agradecía. Una vez incluso hasta manifestó que «siempre cuesta un poco recibir una distinción, hay como una pequeña vergüenza» (en Riofrío, 2013). Algunas veces, cuando veía que el papel del diploma era de calidad, le daba la vuelta y pintaba sobre él un óleo (Marroquín, 2013). Tampoco exhibía sus títulos para vanagloriarse, ni para que otros se percaten de su valía. Si es verdad que a muchos

---

[70] Uno en Derecho Canónico por el *Angelicum* (Universidad Pontificia de Santo Tomás de Aquino) de Roma, otro en Derecho civil por la Universidad de Roma *La Sapienza*, otro en Jurisprudencia por la Universidad Católica del Ecuador. Más tarde obtuvo el doctorado *honoris causa* de la Universidad de Guayaquil. También recibió un segundo doctorado *honoris causa post mortem* de la Universidad de Los Hemisferios.

[71] Además obtuvo cátedras, títulos y membrecías en las más prestigiosas academias e instituciones, de las que ya dimos cuenta en el apartado II de la primera parte de esta investigación.

sabios de este mundo «la ciencia hincha», ello no sucedía en Mons. Larrea.

Otro aspecto de la humildad académica a considerar, es su forma de moverse en la investigación. Komives ha definido tres maneras de vivir esta virtud en el mundo científico: (i) hay que reconocer que algo no se sabe, incluso ante los alumnos. «Tenemos que admitir que desconocemos una gran cantidad de cosas»[72]; (ii) debe investigarse con ánimos de colaborar con los demás académicos, más que con un espíritu de competencia; y, (iii) es necesario crear un ambiente de humildad en el laboratorio. Esto lo explicaba con las siguientes palabras:

> *An important aspect of humility is that one is not wedded to one's own way of doing things. I try to foster this aspect of humility by encouraging students to take initiatives in their experiments. This can sometimes be difficult because biochemistry and biophysics is very exacting, and freedom is not usually conducive to good experimentation. On the other hand, better science is done when one knows why certain things are done a certain way. A humble research advisor is open and honest, admitting they don't always know the best way, and allowing the student to take initiatives. Either both student and professor will learn the reason behind the practice, or they will learn a better way to do it. Oftentimes better ways of doing things are discovered by the students exploring their own initiatives.* (Komives, 2003, pág. 167).
>
> *Although humility does not seem to be a virtue that goes with a career in cutting edge science, in retrospect it is a really important virtue for scientists. The humble scientist is open to the surprising truths of God's creation and works with God to discover them. These discoveries are always more interesting than we could have imagined. Contrary to expectations, trying to be humble makes a scientist more confident because he or she only cares what God thinks. The humble scientist is not afraid to admit ignorance and is therefore more able to stay at the cutting edge. The humble scientist works well with others and fosters unity that promotes the common good. This will be more and more essential as*

---

[72] Komives, 2003, pág. 165. La traducción es mía.

science becomes more interdisciplinary. Finally, it is important that we try to educate our students in humility through encouraging a spirit of service and a cooperative atmosphere in the lab. (ibid., pág. 169).

Sobra decir que Mons. Larrea supo realizar su labor investigativa acorde a estos principios. Por ejemplo, fue lógico que al sobrepasar los 70 años de edad le costara adaptarse a las nuevas tecnologías, pero cambió de método humildemente y sin rechistar cuando sus amigos se lo pidieron. Considérese también una clase dictada en la misma década por Monseñor donde aludió a los descubrimientos hallados en las cuevas de Qumrán. Ante alguna pregunta que le formulé —no recuerdo cuál— y que no supo cómo responderme, en vez de dar evasivas o soltar alguna solución genérica, con sencillez se limitó a decir que no sabía del asunto. No obstante, añadió: «esto es lo que se sabe hasta el momento» (Riofrío, 2013).

También forma parte de la humildad en el estudio el reconocimiento de los propios límites de la inteligencia. Consta en la Escritura de manera general[73], y Tomás de Aquino lo aconseja a su amigo: «Me has preguntado, Juan querido en Cristo, cómo te conviene estudiar para adquirir el tesoro de la ciencia. He aquí el consejo que te doy al respecto: 1. Entra al océano por los pequeños arroyos, no de una vez, porque conviene ir de lo más fácil a lo más difícil. Este es mi consejo y tu instrucción. (...) 16. No busques lo que te sobrepasa» (s.f., pág. 46). Mons. Larrea supo detectar cuáles eran estos límites mentales, especialmente al darse cuenta que habían misterios de fe que la razón nunca podrá comprender. A la vez, con humildad se fiaba más del Magisterio de la Iglesia que de su propio criterio. Al respecto, escribió que «la honradez del maestro hará que

---

[73] El libro del Eclesiástico dice «Atente a lo que está a tu alcance y no te inquietes por lo que no puedes conocer» (Si 3, 22). «A muchos extravió su temeridad, y la presunción pervirtió su pensamiento» (Si 3, 26).

presente las verdades con el respectivo grado de firmeza que les corresponde. Hay verdades supremas, frente a las que no cabe la más mínima duda, como es el caso de los principios lógicos supremos, las evidencias metafísicas y algunos datos de la experiencia universal y constante; otras verdades, por el contrario, están sujetas a rectificaciones como es el caso de las teorías científicas, en las que se dan grados muy diversos de evidencia y de certeza» (2000, t. I, pág. 259).

Como se ve, Larrea consideraba loable la pronta disposición a rectificar en la opinión personal y en los hallazgos científicos cuando aparecen nuevos datos. Veía claro que el investigador necesita un fino olfato para distinguir las verdades supremas, las doctrinas más asentadas y las teorías menos demostradas, con las cuales había que estar menos apegado y admitirse una mayor flexibilidad de huesos para cambiar de postura. Esto nos lleva de la mano a la cuestión de las verdades supremas proclamadas por la Iglesia.

e) Fidelidad al Magisterio de la Iglesia

Como proclama la misma Iglesia católica, la fe es un don gratuito que Dios da a quien quiere, y que muchas personas carecen sin culpa alguna (cfr. Catecismo de la Iglesia Católica, núms. 153-154). Además la Iglesia afirma que entre fe y razón no puede haber contradicciones, pues ambas son vías legítimas de acceso a la única realidad[74]. La

---

[74] «"A pesar de que la fe esté por encima de la razón, jamás puede haber desacuerdo entre ellas. Puesto que el mismo Dios que revela los misterios y comunica la fe ha hecho descender en el espíritu humano la luz de la razón, Dios no podría negarse a sí mismo ni lo verdadero contradecir jamás a lo verdadero" (Cc. Vaticano I: DS 3017). "Por eso, la investigación metódica en todas las disciplinas, si se procede de un modo realmente científico y según las normas morales, nunca estará realmente en oposición con la fe, porque las realidades profanas y las realidades de fe tienen su origen en el mismo Dios. Más aún, quien con

fe no anula el juicio de la razón, sino que aporta una nueva vía de conocimiento que supera a la razón y que le permite a la inteligencia contrastar sus hallazgos para determinar si son correctos o errados. Como dice el Concilio Vaticano I, la fe ayuda a acceder a la verdad *de forma fácil, rápida y sin mezcla de error* (Const. *Dei Filius*, núm. 2)[75]. Lo que Larrea resume en la siguiente sentencia: «La revelación constituye la mayor iluminación de la inteligencia humana: por ella conocemos al Ser Perfectísimo, Dios, y además, podemos entender mejor el universo entero y al mismo hombre» (1993, punto 2).

Quien se dedica a investigar la verdad y a enseñarla ha de admitir con humildad la existencia de verdades que superan su inteligencia. No hacerlo así sería, en palabras de san Josemaría, «reducir la grandeza divina a los límites humanos. La razón, esa razón fría y ciega que no es la inteligencia que procede de la fe, ni tampoco la inteligencia recta de la criatura capaz de gustar y amar las cosas, se convierte en la sinrazón de quien lo somete todo a sus pobres experiencias habituales» (*Es Cristo que pasa*, núm. 165).

---

espíritu humilde y ánimo constante se esfuerza por escrutar lo escondido de las cosas, aun sin saberlo, está como guiado por la mano de Dios, que, sosteniendo todas las cosas, hace que sean lo que son" (GS 36,2)» (Catecismo de la Iglesia Católica, núm. 159).

[75] Como expusimos en Riofrío, 2011, se trata de una fuente del conocimiento del derecho absolutamente peculiar, caracterizada por su autoridad y por su altísimo grado de certeza, mucho mayor al de otras fuentes del derecho (como la jurisprudencia, la doctrina o la costumbre). Al jurista le ayuda a caer rápidamente en la verdad jurídica, a identificar la cosa justa de forma fácil, expedita y sin mezcla de error. La fe le permite al derecho, como a toda ciencia humana, adelantar audazmente en sus conocimientos, planteándole nuevos desafíos. Cuando la ciencia se mira en el espejo de la fe descubre sus imperfecciones, y entonces puede solucionarlas. En una palabra, la fe es el rodrigón del derecho, aquel palo guía que permite a las ramas del árbol crecer de manera segura, recta y con garbo.

Mons. Larrea reafirmó la doctrina católica en numerosos escritos. Precisó, por ejemplo, que en las verdades religiosas «hay principios supremos innegables como la existencia de un Dios único, personal, creador y remunerador, la existencia del alma inmortal del hombre, etc. Y hay otras verdades, cuya certeza no es igual. Se ha de respetar las convicciones y se las ha de reforzar, fundamentar, purificar, mejorar, con respeto a la libertad de todos» (Larrea, 2000, t. I, pág. 244).

Mas no veía a la fe como una cortapisa a la libertad de pensamiento, sino como un extraordinario auxilio para acceder con mayor facilidad a la verdad de las cosas. «Nos da el Señor los medios para buscar la verdad y adherirnos a ella: la razón y la fe. Cuida de que no nos extraviemos, y para ello ha establecido el Magisterio de la Iglesia, al que prometió su asistencia hasta la consumación de los siglos. (Cfr. *Lumen Gentium* 4)» (Larrea, 1986, pág. 284). Por ello, «el cristiano debe tener la convicción de que con los principios de justicia y caridad contenidos en el Evangelio, puede corregir los errores y desviaciones de la sociedad o también tratar de organizarla de otras maneras distintas, más justas e impregnadas de caridad. Tiene amplia libertad para buscar esos nuevos caminos, lo que no puede, de ninguna manera es admitir principios falsos o sistemas fundados en esos principios erróneos» (1986, págs. 275-276).

Monseñor confió en la firmeza de su fe y no desdeñó el auxilio que le prestaba a la razón. Sin embargo, comprendía que tal auxilio no lo resolvía todo. En temas sociales y jurídicos conviene conocer lo mejor posible la doctrina social de la Iglesia, pero sabiendo que ella no daba respuestas técnicas a los problemas concretos. «Toca pues, a cada fiel, recibir esta doctrina, asimilarla, buscar las formas más adecuadas de aplicación a su propio medio, guiándose por los principios de la fe, las enseñanzas del Magisterio y el sentido cristiano de las cosas, a lo que debe unir la especial competencia científica, técnica o política propias de su personal formación» (Larrea, 1986, pág. 273)[76].

Aunque los escritores cristianos suelen tener algún conocimiento de su fe, muchos hacen de ellas una novela que sólo existe en la imaginación o en el culto, y no se preocupan de ahondar en lo que ella postula acerca de su específico objeto de estudio. Contra esta praxis holgazana y poco coherente, Mons. Larrea procuró —más que cualquier otro ecuatoriano— profundizar en la Escritura y en los textos magisteriales, vivirlos y extraer de ellos la verdad ética, jurídica, antropológica, etc. que podían tener. Esta acuciosa labor investigativa dejó huella en las distintas obras de moral, derecho, espiritualidad, etc. que escribió. Fruto de ella fueron, por ejemplo, sus comentarios al Catecismo de la Iglesia Católica (que publicó primero en artículos menores en el diario El Telégrafo, y luego en un volumen más grueso), decenas de cartas pastorales, sus libros "Educación Ética y Cívica" (1997) preparado para la enseñanza de esta materia y "La Iglesia y el Estado en el Ecuador" (1954 y 1988), entre otras muchas obras. En Mons. Larrea ciencia y fe no permanecían en compartimentos estancos, sino que un saber fecundaba al otro.

Por otro lado, siempre observó que «el respeto a la integridad moral del hombre y de la sociedad, exige que la educación no prescinda de la religión, sino que la respete y fomente. No se trata de convertir al Estado en un Estado

---

[76] En el citado texto Larrea reproduce la doctrina pontificia: «La problemática de frecuente injusticia y explotación del trabajador ha preocupado desde antiguo a la Iglesia. Ella para tratar de buscar una respuesta a estos problemas, ha emanado una serie de documentos que componen la llamada doctrina social de la Iglesia. Esa doctrina, que los Papas tenemos el derecho y deber de proclamar a todas las gentes de buena voluntad —como parte importante del mensaje de salvación— tiene principios válidos en todas partes; pero han de acomodarse a las diversas circunstancias de cada pueblo» (Juan Pablo II, *Discurso en la Plaza de San Francisco de Quito*, de 30-I-1985, núm. 2).

confesional, ni de imponer al Estado unas tareas evangelizadoras que no le corresponden, sino de asumir la realidad social: un pueblo cristiano que no puede ser educado al margen del cristianismo; unos hombres cristianos, que tienen derecho a que se respete su integridad moral» (Larrea, 2000, t. I, pág. 259). Por ello reclamó en diversos foros la garantía de este derecho, acusando que «se cometía una tremenda injusticia, socapada bajo el manto de una aparente neutralidad: todos los fondos del Estado para la educación sin Dios, y ningún fondo para la educación cristiana o religiosa en general, aunque ésta, indudablemente era la preferida por la inmensa mayoría de la nación» (*ibid.*, pág. 244).

Larrea además previno de un errado ecumenismo religioso, y de una censurable relatividad que asigna igual importancia a todas las posturas y libros. No toda religión, ni todo texto, valen lo mismo. Hay que saber custodiar las convicciones a las que uno ha llegado. Por eso criticaba a quienes, aparentando una supuesta neutralidad, querían imponer doctrinas ateas:

> Tampoco es admisible un ecumenismo que degenere en lo que se llama "falso irenismo", o sea una postura de renuncia de la búsqueda sincera de la verdad, para reemplazarla por un compromiso o componenda, una mezcla de verdades y errores. A veces se llega por este errado camino hasta los sincretismos religiosos: una especie de amalgama de ideas, ritos y normas morales tomadas de varias religiones, como se da, por ejemplo entre los Bahais o los gnósticos.
>
> Nada de esto es razonable ni bueno. La verdad es una sola y el hombre tiene obligación de buscarla con empeño y de no alejarse de ella, una vez alcanzada. (...)
>
> No resulta auténtica, por tanto, la postura de los indiferentes o de quienes desearían que los niños y jóvenes reciban una educación neutra, sin Dios, sin conocimiento alguno de la religión. [42] Esto, simplemente no demuestra amor por la verdad ni amor del prójimo y, mucho menos, amor de Dios. (Larrea, 1997, págs. 41-42).

Acorde con el criterio que aprendió de san Josemaría[77], Juan Larrea procuraba cotejar su criterio de los libros que deseaba leer, con el criterio de su director espiritual o de otros maestros que le informaran sobre la calidad de la obra. Con ello aseguraba no poner en riesgo las verdades creídas, y aprovechar el tiempo con lecturas que realmente le ayudaran a adquirir un buen bagaje cultural. Sabía que era imposible leer las decenas de millones de libros que existen en el mundo, y que es propio de los mejores optar por lo mejor.

El esfuerzo de Larrea por ser fiel a sus convicciones religiosas también se manifestó en otros aspectos que a muchos académicos podría sorprender. Así como varios filósofos han destacado que existe una fuerte relación entre inteligencia y voluntad, entre lo que piensa una persona y lo que quiere (Cfr. Cardona, 1973), también existe una estrecha relación entre la piedad de un cristiano y lo que este piensa. Ello también lo aprendió de san Josemaría, quien en 1942 escribió a sus hijos de todo el mundo: «sed piadosos como niños, sinceramente piadosos —con una profunda devoción a la Santísima Virgen—, y tendréis asegurada en buena parte la rectitud de vuestra doctrina» (Carta de 24-X-1942, punto 16). A más de constatar personalmente innumerables veces su recia piedad mariana al rezar el Rosario o al celebrar misas dedicadas a Santa María, también recibí de él en 1993 una estampa de la Madre del Amor Hermoso de la Universidad de Navarra[78],

---

[77] Desde los años 30 el Fundador del Opus Dei había escrito: «Libros: no los compres sin aconsejarte de personas cristianas, doctas y discretas. —Podrías comprar una cosa inútil o perjudicial. ¡Cuántas veces creen llevar debajo del brazo un libro... y llevan una carga de basura!» (*Camino*, núm. 339).

[78] La pequeña estampa es de «Santa María, Madre del Amor Hermoso, de la Universidad de Navarra. Ermita del Campus, XXV Aniversario. Grafinsa Pamplona». Se trata de la imagen que fue bendecida en Roma por Pablo VI en su visita al Centro Elis el 21-XI-1965. Al reverso

donde constaba al reverso una frase de san Josemaría, muy apropiada para quienes se dedican a la academia: «El Rosario es eficacísimo para los que emplean como arma la inteligencia y el estudio. Porque esa aparente monotonía de niños con su Madre, al implorar a Nuestra Señora, va destruyendo todo germen de vanagloria y de orgullo» (*Surco*, núm. 474).

III. Libertad y responsabilidad, pluralismo y sentido

San Josemaría defendió siempre la libertad de las personas en todos los campos, también en el académico, y ello le llevó a amar la diversidad de puntos de vista que pueden existir sobre una misma cuestión. Refiriéndose al pluralismo existente entre los fieles del Opus Dei añadía que al observar entre ellos «tantas ideas diversas, tantas actitudes distintas —con respecto a las cuestiones políticas, económicas, sociales o artísticas, etc.—, ese espectáculo me da alegría, porque es señal de que todo funciona cara a Dios, como es debido» (*Conversaciones*, núm. 67)[79]. Por eso escribía Llano que «le desagradaba la homogeneidad impuesta y consideraba la diferencia en los comportamientos como un valor positivo. Apostaba por la originalidad espontánea, mientras sospechaba de la uniformidad» (1993, pág. 259). Su concepción de la labor docente bien podía resumirse en el lema de «educar en la libertad». «Educar no es colonizar la mente de los alumnos: es facilitar la emergencia de su propia alma; es solidarizarse

consta el punto 474 de Surco, bajo el cual aparece la inconfundible firma de Monseñor: «+Juan Larrea H. Arzobispo de Guayaquil».

[79] La idea la repite en otros lugares, por ejemplo, cuando dice que la universidad «es la casa común, lugar de estudio y de amistad; lugar donde deben *convivir en paz* personas de las diversas tendencias que, en cada momento, sean expresiones del legítimo pluralismo que en la sociedad existe» (*Conversaciones*, núm. 76).

sabiamente con el despliegue de la libertad radical» (Llano, 1993, pág. 262).

Pero la libertad propugnada por el Fundador del Opus Dei no era una libertad omnímoda, ni un sin sentido, del estilo de algunos vitalistas o existencialistas (v. gr. Nietzsche, Heidegger, Sartre) que al final del camino desembocaba en la angustia existencial y terminaba convirtiendo al hombre en una «pasión inútil». No veía tanto la "libertad de", sino "libertad para", aquella que busca los bienes más altos de la persona, a los que se puede acceder por diversos caminos. «Debemos sentirnos hijos de Dios, y vivir con ilusión de cumplir la voluntad de nuestro Padre. Realizar las cosas según el querer de Dios, *porque nos da la gana*, que es la razón más sobrenatural» (*Es Cristo que pasa*, núm. 17). «Por amor a la libertad, nos atamos» (*Amigos de Dios*, núm. 31). Esa era la libertad que había que fomentar.

Juan Larrea fue un paladín de esta libertad dotada de sentido, tanto en el mundo de la educación profana, como en el de la religiosa. Sabía que «la libertad del hombre no es infinita ni ilimitada. Todo en el hombre, y en las demás criaturas, es limitado. Sólo Dios es infinitamente perfecto y por tanto, infinitamente libre» (1993, punto 686). En su comentario a la Constitución ecuatoriana escribió:

> La libertad del ejercicio de este trabajo, nobilísimo trabajo, no podría ser menor que la libertad garantizada para otra actividad creativa y legítima. Si el art. 23 num. 17 garantiza la libertad de trabajo, comercio e industria, es lógico que con mayor razón se garantice la libertad de educar.
>
> Esto no significa que no se regule adecuadamente el ejercicio de este derecho, pero no debe ser en forma que anule la libertad o introduzca cualquiera discriminación.
>
> Es lógico que se exija para el desempeño de la función de maestro una preparación adecuada como se pide un grado académico para ejercitar la medicina u otras profesiones, pero no se puede exagerar la exigencia por parte del Estado en este delicado aspecto porque redundaría en la negación del derecho mismo. Y sobre todo se ha de tener en cuenta la realidad del

nivel cultural ecuatoriano, la escasez de maestros sobre todo en las zonas rurales y apartadas del país, para no imponer condiciones excesivas que impedirían el efectivo ejercicio del derecho de educar. (Larrea, 2000, pág. 261).

Y respecto a la autonomía de las instituciones educativas apostilló:

> En primer lugar son autónomas y se rigen por la Ley y su propio estatuto. El concepto de autonomía ha sido largamente discutido y elaborado. Ahora parece definirse por la Constitución bajo un aspecto legal: sometimiento exclusivo a la ley y a sus propios estatutos, lo cual excluye la intervención arbitraria, es decir, al margen de la ley, por las autoridades administrativas o de otro orden (Larrea, 2000, págs. 264-265).

Larrea defendió estas mismas libertades en el campo religioso. «Si el Estado no ataca ninguna religión, debe dejar que los padres de familia escojan la orientación religiosa que convenga a sus convicciones. Para los hijos de católicos, la enseñanza debe inspirarse en los principios católicos, como para los hijos de ateos es tolerable la enseñanza que prescinda de Dios. Lo que no se puede, es condenar a la ignorancia religiosa a todos, a pretexto de respetar la libertad de conciencia solamente de los que no tienen creencia alguna» (2000, t. I, págs. 246-247). Pero no sólo se quedó en palabras sino que, consciente de la gravedad del asunto, promovió la sanción de la Ley de Libertad Educativa de las Familias en el Ecuador[80] a fin de

---

[80] La Ley de Libertad Educativa de las Familias en el Ecuador (Ley 69) fue publicada en el Suplemento del Registro Oficial n° 540, de 04-X-1994. Establecía que «a opción de los padres de familia, se integrarán dos horas semanales de instrucción religiosa y moral en todos los centros educativos oficiales o privados de nivel pre-primario, primario y secundario, sean estatales, municipales o dependientes de otras instituciones públicas o privadas. Mediante la oportuna consulta a los padres de familia del centro respectivo se identificarán las organizaciones religiosas que respondan a sus preferencias» (art. 1). Fue derogada por la Disposición Derogatoria 4ª de la Ley Orgánica de

posibilitar que cada familia pudiera acceder a la educación religiosa de su preferencia. Además preparó a más de cuatrocientos profesores de religión católica para afrontar la demanda que en seguida produjo la aplicación de la ley[81].

Al igual san Josemaría, Larrea tampoco defendió una libertad nietzscheana desprovista de límites morales, jurídicos y religiosos, ni aquella omnímoda voluntad capaz de hacer todo dentro de un mundo ilusorio. Al respecto acertadamente mencionó que «el concepto de libertad de enseñanza está también debidamente formulado [en la Constitución ecuatoriana de 1946]: no es una libertad ilimitada, sino contenida dentro de razonables límites: "La educación y la enseñanza, dentro de la moral y de las instituciones republicanas, son libres"» (Larrea, 2000, t. I, pág. 245). Por eso «no todo es negociable. No se debería, por lo menos, negociar con la dignidad, la honra, la decencia, el amor, la familia, la Patria, las convicciones, y tantos valores que no admiten compra y venta» (Larrea, 1997, pág. 106).

La libertad de Larrea tenía un sentido último fuerte: amar a Dios y a las personas, y contemplar la verdad. No se saciaba con la escasa felicidad que inmediatamente proporcionan los bienes materiales. «El fin de la vida y el fin de la empresa no puede reducirse a "duplicar las ganancias". Si hay un mínimo sentido cristiano, más importante es servir, contribuir al bien común, ayudar a los hermanos, remediar la extrema miseria en que viven a veces los propios trabajadores de las empresas que "duplican sus ingresos", a base de negociarlo "todo"» (Larrea, 1997, pág. 106). Y ya en el campo académico, subrayaba que una Casa Editorial no podía dedicarse sólo a ganar dinero, sino que

---

Educación Intercultural (publicada en el Suplemento del Registro Oficial n° 417, de 31-III-2011).

[81] Lamentablemente las nuevas autoridades derogaron la mentada norma y volvieron a dejar en agua de borrajas el derecho constitucional a recibir educación religiosa.

debía dejar una huella en la sociedad dando buena doctrina (*Discurso en la Corporación de Estudios y Publicaciones*, 2008).

San Josemaría vinculó siempre la libertad con la responsabilidad en todos los campos de la vida. Reafirmó la «educación en la libertad personal y en la responsabilidad también personal. Con libertad y responsabilidad se trabaja a gusto, se rinde, no hay necesidad de controles ni de vigilancia: porque todos se sienten *en su casa*, y basta un simple horario. Luego el espíritu de convivencia, sin discriminaciones de ningún tipo. Es en la convivencia donde se forma la persona; allí aprende cada uno que, para poder exigir que respeten su libertad, debe saber respetar la libertad de los otros» (*Conversaciones*, núm. 84). Muchas veces, y de diversas formas, Mons. Larrea procuró inculcar este espíritu de libertad y responsabilidad en la universidad: animando con la palabra acertada, permitiendo que los alumnos opinen en contra de lo que él pensaba, haciendo que los matriculados se tomen en serio la carrera...

Larrea era un profesor al que se le podía manifestar la opinión contraria. Por ejemplo, recuerda Enrique Ayala Laso que, cuando fue su alumno, él y otros compañeros sostuvieron acaloradamente ante él que el divorcio debía ser admitido, lo que evidentemente no era aceptado por Larrea[82]. Entendía que hemos de ser comprensivos y tolerantes con todos, por razones meramente humanas y también por razones sobrenaturales. «Precisamente porque tenemos fe, y una fe muy firme, debemos mirar al prójimo —aunque esté total o parcialmente equivocado—, con aprecio de su dignidad y con auténtico amor que desea el bien, el supremo bien de llegar a la plenitud de la verdad» (Larrea, 1997, pág. 42).

---

[82] A la vuelta de los años ambos coincidieron en una reunión. Al verlo a Ayala con su esposa, a la que había sido fiel, Mons. Larrea recordó aquella conversación y le gastó la broma: «Viste Enrique: ¡el matrimonio es para siempre!», le dijo (Ayala, 2013).

También inculcó la responsabilidad en los estudios, en la medida en que ella podía ser asumida por las personas. Al analizar el principio de gratuidad en la educación pública, observó que era loable la gratuidad total en la escuela y que un sistema de becas en la enseñanza superior contribuía «a suscitar un mayor sentido de responsabilidad en los estudiantes» (Larrea, 2000, pág. 253). Cuando la Constitución de 1978 extendió la gratuidad a todos los niveles de educación (incluido el universitario), insistió en que «si se pidiera una colaboración económica a los alumnos universitarios se podrían seguir de ello numerosos beneficios aparte de que quizá disminuyera el número de alumnos y, como queda dicho no por una discriminación de carácter económico ya que se favorecería a los más necesitados mediante becas obtenidas precisamente con las pensiones de quienes puedan pagar; simplemente se trataría de evitar el ingreso a la Universidad por parte de quienes abusan de la gratuidad» (*ibid.*)[83].

IV. Orden, disciplina y exigencia

Mons. Larrea escribió que el orden y la disciplina «no se establecen una vez para siempre, sino que continuamente se realizan, así como pueden también sufrir desmedro en cualquier momento. Somos seres que nos desenvolvemos en el tiempo, que instante a instante nos acercamos a nuestro último fin o nos alejamos de él, nos perfeccionamos o nos deterioramos, tanto física como moralmente» (1997, pág. 100). Repárese cómo nuestro autor estructura todos los órdenes de la vida (v. gr. orden

---

[83] Como dijimos, para la educación primaria, donde los menores aún no han alcanzado el debido grado de responsabilidad, el criterio era distinto. Ahí hizo eco a la locución pontificia «que nadie se sienta tranquilo mientras haya en el Ecuador un niño sin escuela» (Juan Pablo II, Discurso en el Guasmo de Guayaquil de 1-II-1985, núm. 5, recogido en Larrea, 1986, pág. 280).

personal, en las ideas, en la voluntad, en la acción… y hasta el mismo orden jurídico) sobre el fin último de la persona. Se trata de una aguda intuición, corroborada por la máxima metafísica que manifiesta que *no hay orden sin fin*. Sin una razón fuerte para vivir, sin un fin último humano, sin un Dios que colme la felicidad del hombre, todo es vano.

«Adquirir hábitos de orden, de disciplina de la vida, no es cuestión de poca importancia o que se consiga en una etapa de la vida: es la gran lucha interior del hombre, que debe a lo largo de su existencia, encauzar las múltiples fuerzas intelectuales, morales, biológicas, etc., hacia la plena realización de su destino, según los planes de Dios», decía Larrea (1997, págs. 100-101). Se mira al orden y a la disciplina como "hábitos buenos" que encausan la vida, es decir como virtudes. Son buenos en cuanto facilitan actuar con corrección, acceder a lo bueno, lograr la realización personal, la vida feliz. Consta, por ejemplo, que hay profesores y alumnos a los que les resulta "fácil" llegar puntualmente a clases, mientras otros siempre "encuentran inconvenientes" de tráfico, de familia, de trabajo, de imprevistos… (como si los puntuales no los tuvieran) y a cada rato deben presentar justificaciones por entorpecer la labor de los demás. En realidad, los primeros tienen la virtud de la puntualidad, saben prever los contratiempos, y los segundos no.

Como toda virtud humana, el orden y la disciplina también se van fortificando a base de repetición de actos. Por ello, «desde la infancia se debe inculcar el amor al orden y la disciplina. Se ejercitará en detalles mínimos, pero ese es el camino para crear un hábito de búsqueda de lo perfecto. El que se acostumbra a tener su habitación, sus juguetes, sus ropas, en orden, llegará, si persevera en la buena formación, a tener orden en la mente y en la voluntad, en los sentimientos y en la acción, en la vida entera» (Larrea, 1997, pág. 101).

Muchos han testimoniado el gran orden y disciplina que Mons. Larrea tenía a la hora de trabajar. El Dr. Jaime Flor (21-XI-2013), por ejemplo, dijo que nunca se atrasaba un minuto en las clases. Tenía su biblioteca perfectamente ordenada, a tal punto que hasta cerrando los ojos sabía dónde estaba ubicado cada libro (Burguera, 4-XI-2013). Escribió miles de fichas sobre diferentes materias, que al principio guardó en cajas de zapatos, luego en largas cajas de madera, y al final de su vida también en su laptop (Riofrío, 2013). Tenía horarios muy rígidos, tanto para el trabajo, como para el descanso (Mönckeberg, 2013). Además, pasaba de una cosa a otra, sin dilaciones, ni "descansitos" de quien ya no da más. Jamás dormía siesta. Ello no obstaba para que atendiera con calma, cordialidad y atención a los que "caían" de improviso. Consta a muchos que cuando en el despacho escribía algún texto a máquina y alguien llamaba a la puerta para algo (para una pregunta, confesión, etc.), en ese momento interrumpía el repiqueteo de las teclas, se levantaba, atendía a la persona (contestando a la pregunta, confesándola, etc.) y luego regresaba a trabajar. Al sentarse, sin dejar pasar un instante, continuaba escribiendo en la línea donde se había quedado. Así una cosa y otra (Burguera, 4-XI-2013). Cumplía así aquel refrán que anima a trabajar «sin prisa, pero sin pausa».

En alguna ocasión manifestó que esta forma de trabajar la aprendió de su padre, don Carlos Manuel Larrea. «He tratado de seguir las huellas de mi padre en aquello que de admirable tuvo: su amor por la investigación. Su muerte, cuando tenía más de 90 años, significó que dejara una cantidad de libros sobre historia, arqueología, etc. que demuestran que trabajó hasta los momentos de su muerte. Su ejemplo de laboriosidad lo tengo presente» (Larrea, entrevista para el diario Hoy, 15-I-1995).

A parte de vivir este espíritu de exigencia en el trabajo, también procuró inculcarlo en sus alumnos. Como testimonia el Dr. Jaime Flor (21-XI-2013), la exposición en clases tenía un gran ritmo, veían mucha materia; no permitía que se murmurara en clases; era exigente en los exámenes y tomaba sobre cualquier tema de la materia (de hecho, abría el libro al azar y preguntaba el título que cayese).

V. Espíritu de servicio y de cooperación

Leonardo Polo ha analizado la dimensión colectiva que tienen los saberes. Observó que los medievales entendían la investigación (filosófica) como una tarea colectiva, por lo que adoptaron el nombre de "escolásticos" (porque creaban escuelas). Ellos entendieron que el que venía después veía más que los anteriores, porque se montaban sobre sus conocimientos. «Un enano al lado de Aristóteles, montado sobre sus hombros, ve más allá que el Estagirita. Por eso, estudiar a los grandes pensadores, posibilita ver más que ellos. El filósofo debe siempre retrotraerse a los orígenes de la filosofía, aunque sólo sea para tomar impulso; después debe estudiar lo ya adquirido, y, desde lo adquirido, abrir nuevos horizontes» (Polo, 1995, pág. 22). La idea aplica al quehacer universitario, que busca acceder a la verdad universal y entregarla a la sociedad. De ella se desprende la necesidad de estudiar, en todas las materias, a quienes nos han precedido, de trabajar en conjunto en la búsqueda del saber, y de transmitir con generosidad el conocimiento adquirido.

Es lamentable que existan profesores que «se guardan la receta», que esconden sus conocimientos a los alumnos para evitar la competencia en la propia profesión. Juan Larrea, al contrario, buscó hacer escuela y entregar todo lo que sabía para que los que vinieran después llegaran más allá de lo límites a los que él había llegado. Vimos en la primera parte de este artículo algunos gestos de su gran generosidad en este campo: emprendió varios proyectos de investigación con colegas suyos, profesores y abogados, como lo fueron los repertorios de jurisprudencia, la Enciclopedia de Derecho, y hasta su mismo comentario del Código Civil —su obra magna—, que a pesar de estar muy avanzada, no dudó en invitar a colaborar en ella a René Bustamante y a otros juristas. Incluso, *motu proprio* puso como autor a Rodrigo Merino Barros en el volumen XI de las Obligaciones (Larrea & Merino, 2004). También es significativo que uno de sus primeros libros, el de "Derecho constitucional ecuatoriano", lo escribió en coautoría con su Decano, el Dr. Julio Tobar Donoso.

Muchos alumnos y amigos suyos pueden contar cómo les animó a escribir ensayos, libros, artículos, o a introducirse en la vida académica. En su epistolario hemos encontrado cientos de invitaciones a escribir artículos, decenas de felicitaciones por las obras publicadas, muchísimas cartas de apoyo en la defensa de la buena doctrina, recomendaciones de aclarar o precisar algún aspecto del libro, etc., tanto de ida como de vuelta. En varias de estas cartas manifiesta haber leído el documento entregado o el libro regalado, lo cual a veces está corroborado por agudas observaciones hechas sobre el texto.

También yo fui merecedor de este estímulo académico en al menos cuatro ocasiones. Mientras cursaba la carrera nos animó a Christian Baquerizo y a mí, a que colaborásemos con él en la actualización de su obra "Bibliografía jurídica del Ecuador"; hicimos visitas a varias bibliotecas del país, pero este trabajo no pudo concluirse por aquella época. El primer libro que llegué a publicar, lo hice por pedido expreso suyo: Monseñor quería documentar la historia y el arte de la Catedral de Guayaquil para ofrecer a la sociedad un libro con esta información, por lo que me dio este encargo que tuvo un feliz término[84]. Luego Mons.

---

[84] El encargo lo cumplí con un amigo que cursaba la carrera de comunicación, Francisco Sojos Oneto, quien se encargó de la fotografía y de la diagramación. Finalizado el libro, faltaba ver dónde lo

Larrea tuvo la bondad de prologar mi segundo libro, "La prueba electrónica", publicado en Bogotá por la Editorial Temis el año 2004. Por último, un año antes de fallecer, en agosto de 2005, me dijo que cuando él dejase este mundo, yo me encargara de seguir actualizando la obra de "Derecho constitucional" que él había comenzado con Julio Tobar Donoso. Ciertamente parte de mi carrera la ha forjado bajo su bondadosa guía.

Pienso que estos ejemplos hacen patente cómo Mons. Larrea supo trabajar en equipo, hacer escuela y darle alas a los demás para que llegaran, en la medida de sus posibilidades, más lejos que él.

VI. Magnanimidad, audacia y fortaleza en la propagación de la verdad

Todo el enorme esfuerzo que Mons. Larrea puso en leer miles de volúmenes de las diferentes disciplinas académicas, en indagar con el mayor rigor la verdad en el derecho, la moral, la historia, etc., en ser fiel a su fe, en vivir las diferentes virtudes propias del quehacer académico, tuvieron dos fines claros: acceder él mismo a la verdad para construir su vida interior y facilitar luego ese mismo acceso a los demás. Sin formación, no se puede formar y puesto que había de formar a muchos, mucho se debía formar. En esto siguió al pie de la letra el consejo de san Josemaría, quien decía con gracia que «no podemos

publicaríamos y con qué fondos. Después de varias gestiones, Mons. Larrea logró el interés del Municipio de Guayaquil, quien lo publicó el año 2003 con el nombre "El Corazón de la Ciudad". Aprendí entonces que, contra lo que muchos docentes piensan, en el mundo editorial lo primero es escribir y luego buscar la editorial y el financiamiento. Después de muchos años también me percaté que Monseñor perfectamente habría podido escribir este libro —desde luego mucho mejor que yo— pero quería animarme a emprender el camino de escritor.

hacer como Fray Gerundio de Campazas[85], que cerro los libros y se dedicó a predicar: hemos de formarnos siempre, también desde el punto de vista intelectual» (en Javier Echevarría, 2000, págs. 290-291).

Ha de aclararse que nunca vio la enseñanza como un pedestal para enaltecerse, ni como un instrumento de autosatisfacción personal. Al contrario, siempre la entendió como una labor de servicio. «Entre las obras de misericordia más esenciales en la sociedad actual —escribió—, dos nos parecen singularmente trascendentales: enseñar la verdad y dar trabajo. El mundo se pierde sobre todo por ignorancia y confusión de ideas, y frente a este mal, la enseñanza de la verdad se impone como necesidad primaria. El trabajo, por su parte, que ennoblece al hombre y le permite cumplir la finalidad misma de su vida, es la gran oportunidad que a nadie debería faltar» (Larrea, 1997, págs. 59-60)[86].

Larrea fue grande entre los grandes en lo que él consideraba la primera obra de misericordia de nuestros tiempos. Solía repetir que «hemos de empapelar el mundo» (en Riofrío, 2013), para difundir la buena doctrina. Para ello escribió más de cien libros, cientos de artículos científicos, inició proyectos editoriales de gran envergadura (como el de las enciclopedias); fundó la Corporación de Estudios y Publicaciones (CEP), promovió el desarrollo de la Editorial Justicia y Paz fundada por Mons. Bernardino Echeverría Ruíz; fundó seminarios, escuelas…; cedió al Banco Central su biblioteca de 20.000 ejemplares, para que todos puedan

---

[85] Se trata del célebre personaje creado por el P. José Francisco De Isla, S.J. (1703-1781) en la novela del mismo nombre, *Historia del famoso predicador fray Gerundio de Campazas, alias Zotes* publicada en Madrid en 1758 (en Russell, 1969, págs. 148-151).

[86] De hecho, Larrea consideraba que un principio esencial de la Doctrina Social de la Iglesia era el de entender que «el desarrollo de la sociedad no consiste tanto en la elevación del nivel de vida, cuanto en el mejoramiento de la situación moral, intelectual y cultural de toda la población» (Larrea, 1986, pág. 276, principio 13).

acceder a estas preciadas obras[87]; dictó cientos de conferencias, dio millares de clases, dedicó muchísimas horas a explicar la doctrina en la televisión; formó cientos de profesores de religión y de derecho; trajo a insignes catedráticos de universidades extranjeras (Cfr. Herranz, 2007, pág. 304)... Muchos recuerdan que en pocos años llenó el disco duro de su laptop (Marroquín, 5-XI-2013)[88].

Y esto lo supo hacer en medio de los apuros económicos de los años 50 y 60, de la escasez de tiempo, de la falta de ayudantes, de la carencia de conocimientos informáticos, y, muchas veces, dentro de un ambiente hostil a la fe. Hablar de la religión católica ante un grupo de fieles es cosa fácil y divertida; pero es sólo de valientes exponer las verdades en cuestiones éticas (v. gr. anticoncepción, aborto, género, etc.) ante quienes no están dispuestos a vivir las normas morales, ante quienes opinan de modo diverso y ante litigan en mala lid, con herramientas desleales. Mons. Larrea supo defender la verdad en la cátedra, en el podio y en el micrófono, ante jueces, ante legisladores de las más variadas tendencias, en medio de gritos y vilipendios, de huelgas al aire libre, de huelgas en el campus universitario, de huelgas que injustamente se tomaron la Catedral de Guayaquil... Sufrió en carne propia la "conjuración del silencio" condenada por Pío XII[89] cuando promovió la construcción de la estatua de la Virgen del Panecillo, reprochada con fuertes palabras por un sector antirreligioso. También fue tergiversado múltiples veces, y de mala manera, por ejemplo al promover la Ley de Libertad Educativa, cuando se le acusó de querer imponer por la

---

[87] En Vázquez, 2009, pág. 29 se menciona esta cesión, por la que se recibió un modesto valor.

[88] Conviene aclarar que Mons. Larrea carecía de grandes conocimientos informáticos y que los programas que usaba eran prácticamente dos: el Outlook para el correo electrónico y el Word para escribir cartas, documentos y libros. Por tanto, no llenó el disco duro instalando diversos programas, sino sólo con textos para la imprenta.

[89] Al respecto, *vid.* lo dicho a nota 65.

fuerza la religión católica; en realidad la Ley sólo abría la posibilidad de recibir clases de religión —de cualquier religión— a las familias que lo solicitaren[90]. Y todo esto en medio de la serena sonrisa que le caracterizaba.

VII. Conclusiones

De lo visto, extraemos las siguientes conclusiones:

1. Mons. Larrea tuvo una visión muy cristiana del quehacer universitario, que supo encarnar en su propia vida de forma ejemplar. Como dice una frase de su Libro de Condolencias de Quito, fue «tan Santo como Sabio y Sabio como Santo» (Jorge Mantilla Tobar, 27-VIII-2006).

2. Para Larrea el fin último subjetivo de la labor académica fue siempre la santidad: santificarse buscando la verdad y santificar a los demás enseñándola. En cambio, el fin último objetivo era el de conocer la verdad universal.

3. En la visión de Larrea, el "amor a la verdad" es lo que ha de mover la investigación científica, la labor docente y el estudio de los universitarios. Este amor se manifiesta en:

a) Una confianza en la verdad, que evita todo agnosticismo, relativismo, subjetivismo, indiferentismo o laicismo;

b) Un esfuerzo por descubrir lo que hay de verdadero en todos los campos del saber humano, que debe ser más serio cuanto más serios son los asuntos humanos;

c) Una dedicación especial por hacer amable la transmisión de la verdad;

d) Una gran humildad para rectificar, para escuchar a los demás, para reconocer que no se sabe todo, y para no marearse con los honores académicos;

e) Una fidelidad absoluta a las convicciones religiosas, cuyo peso no se mira como imposiciones a la

---

[90] *Vid.* el art. 1 transcrito a nota 80.

libertad de pensamiento, sino como el peso de alas que permiten volar más allá de lo que la inteligencia podría volar. En la práctica esto se muestra por el afán de entender bien lo que se cree, para sacar de este estudio las respectivas conclusiones para todas las ciencias humanas.

4. El clima universitario idóneo para acceder a la verdad, en la mente de Larrea, integraba de manera pacífica la libertad y la responsabilidad, el legítimo pluralismo y el sentido de este mismo pluralismo; el orden, la disciplina y la exigencia; el espíritu de servicio con la sociedad —veía a la enseñanza como la primera labor de misericordia de nuestro tiempo—, y el espíritu de colaboración con los alumnos y colegas.

5. En lo personal, Mons. Larrea supo vivir todo esto con asombrosa grandeza humana, demostrando gran generosidad, audacia y fortaleza en la propagación y defensa de la buena doctrina.

EL HALLAZGO DEL CUERPO DE GABRIEL GARCÍA MORENO

A continuación se recoge un extracto de una tertulia que Mons. Larrea tuvo con varios estudiantes de la Universidad de Los Hemisferios en su casa, donde les contó sobre la búsqueda y hallazgo de los restos del Presidente Gabriel García Moreno, de los que se había perdido el rastro en la historia del Ecuador. La historia es de lo más singular y parece una novela policíaca. Uno de los estudiantes le preguntó en aquella tertulia cómo había sucedido todo ello. La respuesta que le dio Mons. Larrea, que refleja bien ese rasgo investigador propio de su espíritu y su sencillez en la exposición, es la que transcribimos a continuación.

Aquello sucedió por encargo del cardenal Muñoz Vega que nos hizo a Francisco Salazar Alvarado y a mí. Yo entonces era Obispo Auxiliar de Quito. Esto debió ser más o menos por el mes de junio o julio del año 1975. El motivo era el que pronto se iban a cumplir los 100 años del asesinato, el 6 de agosto de 1975.

Entonces Paco Salazar y yo, que éramos muy buenos amigos, nos pusimos a investigar, a preguntar primero a personas de la familia, para ver si sabían algo. El mismo Cardenal nos informó que había una tradición en la curia de Quito, de que la única persona que conocía el lugar en que estaba enterrado actualmente García Moreno, era el Arzobispo de Quito, con el compromiso de transmitir el secreto al sucesor. Pero el caso es que llegó la noticia hasta el Cardenal Carlos María de la Torre. Él sufrió un ataque cerebral, una afasia, lo que lo dejó sin capacidad de hablar, ni de escribir. A mí me consta que perdió la capacidad de escribir porque hacía un gran esfuerzo para poner su nombre en algunos documentos. Entonces, copiaba su propia firma, la dibujaba viendo un modelo. Pero no sabía escribir a sus más de ochenta años, después de haber sido en esta historia un símbolo. ¡Cosas de la vida! Y bueno, el Cardenal de la Torre no podía transmitir el secreto. Se perdió el conocimiento de dónde estaba.

Entonces circulaban por Quito una serie de leyendas, de posibles sitios donde habría estado. Unos hablaban de la cripta de San Francisco, de la Compañía, de Santa Catalina. Eran los tres sitios que se mencionaban más. Incluso había una leyenda que desde el primer momento me pareció totalmente descartable. Decía que estaba en la Compañía, y que el hijo de García Moreno iba todos los años —cuando vivía el hijo— a visitar la tumba, y que le cambia la ropa a su padre, lo cual es totalmente absurdo. De tal manera que sólo el detalle bastaba para rechazar la idea.

Otra leyenda era que estaba en Santa Catalina, en la calle Flores y Espejo, y que le habían trasladado ahí desde la Catedral —donde fue inicialmente enterrado el día del asesinato—, en un bulto, cubierto por una gran alfombra. La Catedral tenía unas grandes alfombras que ponían en el presbiterio. Entonces, dentro del horno de la alfombra muchos indios habrían llevado dentro el cadáver hasta Santa Catalina, porque esas alfombras las llevaban así, enrolladas en forma de tubo, una vez al año, para lavarlas en la quebrada de Manosalvas que pasa al lado del mismo Convento. Había por esa época un torrente de agua, donde se decía que lavaban las alfombras, y que en una de esas se llevaron el cuerpo. ¡Otra cosa absurda! Habría sido exponerse demasiado. Además, un cadáver así no era algo limpio, ni capaz de ser llevado en pleno día sin que se huela, a un sitio público. De modo que eran fantasías tejidas por la leyenda popular.

Otra cosa muy generalizada —quizá esto era opinión común en Quito, entre muchas gentes que se interesaban por el asunto— es que el traslado se había realizado en 1895, a raíz de la Batalla en que ganó Alfaro, cuando ya iba a entrar en la ciudad de Quito con sus tropas. Temiendo que pudiera haber un desacato contra los restos de su enemigo, entonces habrían trasladado ese año el cuerpo. Es decir, serían veinte años más tarde de la muerte.

Seguimos investigando y no se daba nada que sea cierto. Las personas de la familia de García Moreno eran sobrinos, nietos o bisnietos. Como saben, García Moreno dejó sólo un hijo, Gabriel García del Alcázar, que murió soltero, sin sucesión. Pero los García Gómez, por ejemplo, podía saber algo. Angelita García Gómez, casada con Julio Tobar Donoso, no sabía nada. Hablamos con Fernando García Gómez, y el nos dio una pista. Nos dijo que había una mujer que era hija del sirviente del hijo de García Moreno y que quizá ella podía saber algo, porque ese sirviente le acompañaba Gabriel García del Alcázar a todas partes. Por eso fuimos a ver a esta mujer los tres: Fernando, Paco y yo. Vivía por el Panecillo, en la calle Bahía. La mujer estaba ya muy enferma. Apenas podía hablar con gran dificultad. Nos dijo: «sí, efectivamente mi papasito —así decía— nos trataba de decir algo, pero nunca nos dijo nada respecto de García Moreno». Incluso, alguna vez procuramos tirarle de la lengua haciéndole que beba más de la cuenta, emborrachándole un poco[91], pero nunca dijo nada. Solo mencionó que su papasito, que le acompañaba continuamente a Gabriel García Benalcazar, hacían frecuentes visitas al Convento de Santa Catalina, y que les hacía generosas limosnas a las monjas. Eso ya era un indicio positivo, porque el hijo de García Moreno tenía

---

[91] En realidad, como dijo en otras ocasiones, sólo se le ofreció alguna copita. La expresión es una hipérbole dicha en son de broma.

fama de ser muy tacaño. El hecho de que hiciera limosnas y visitara con frecuencia al Monasterio, podía significar alguna vinculación.

Por esto fuimos al Convento, hablamos con la Madre Superiora. Ella nos confirmó que habían algunas tradiciones entre las monjas más viejas, que una de esas monjas que ya había muerto hacía años, que era la hija de don Pablo Herrera (que fue Secretario de Estado, Ministro de Gobierno de García Moreno), y que ellas decían que estaban ahí los restos del Presidente, pero no sabían ni cómo, ni cuándo, ni por qué.

Hicimos algunas excavaciones en lugares en que parecía que, si le hubieran enterrado en la Iglesia, hubieran trasladado los restos de la Catedral a esta Iglesia de Santa Catalina, que está al lado de Santo Domingo. En tal caso, debería de ser en algún sitio muy honorífico, como delante o detrás del Altar Mayor, frente al retablo... en fin, en un lugar así. Hicimos huecos allí y no asomaba ningún resto de enterramientos de ningún género. De modo que renunciamos a seguir excavando, a continuar alterando la tranquilidad de las monjas y a la integridad de la Iglesia.

En eso se nos ocurrió, y no me acuerdo si fue a Paco o a mí, que podía ser que estuviera también en la Iglesia del Buen Pastor. Sucedía que esta iglesita pequeña de La Recoleta, que está al lado del actual Ministerio de Defensa, estaba confiada a las madres del Buen Pastor, que fueron unas monjas que García Moreno trajo de Francia, a quienes quería mucho. Les apoyó, les protegió en ese tiempo. Esa vinculación también podía significar algo. Fuimos por ello a la Iglesia del Buen Pastor a hacer una indagación, como hacen los médicos, que percuten el cuerpo humano: fuimos golpeando las paredes por toda la Iglesia. Finalmente llegamos a una pequeña cúpula que había sobre el altar, levantada sobre el presbiterio con dos columnas por delante y dos pilastras por detrás. En una de las columnas sonaba un poco raro, como que fuera hueco. Hicimos hacer un hueco pequeño, de unos dos centímetros con una perforadora, hasta que efectivamente en un punto determinado se fue adentro el perforador que tocó en otro material, que debía ser madera. Eso ya nos dejó absolutamente intrigados. Hicimos abrir un hueco más grande en la columna, poco a poco, para no dañar lo que hubiera dentro, en la medida de lo posible. Era una columna grande que debía tener unos ochenta centímetros de diámetro. Ahí se encontró una caja cuadrada de madera, de aproximadamente unos 40 o 50 centímetros de base y 60 o 70 centímetros de alto.

Abrimos la caja de madera y dentro había dos frascos. Uno muy grande, de esos que solían usarse en las boticas antiguas: un frasco de boticario de vidrio muy grueso, con un líquido. Dentro del frasco había una víscera humana. Debía ser un corazón. El otro frasco pequeñito, tratamos de abrirlo. Estaba sellado con alguna resina, probablemente lo que llamaban «cera de Nicaragua». No logramos abrirlo, ni con fuego. Total, hubo que romperlo. Roto el frasco aparecieron fotografías de García Moreno y del Arzobispo Checa y Barba, y sobre todo un papel con la inconfundible letra del Señor González Suárez —que la conocía muy bien— donde decía muy escuetamente: «este es el corazón del Arzobispo José Ignacio Checa y Barba, que he ordenado trasladar y guardar en la Iglesia del Buen Pastor». Le seguía una fecha del año 1911. Firmado: Federico González Suárez, Arzobispo de Quito.

Habíamos encontrado otra cosa, muy importante, vinculada con García Moreno, porque el Arzobispo de Quito y el Presidente fueron los que consagraron el Ecuador al Sagrado Corazón, y ambos murieron víctimas del odio a la religión por esa misma razón.

Entonces fue un poco una intuición: si aquí está el corazón de José Ignacio Checa y Barba, en la otra columna puede estar el de García Moreno. Pero la otra columna sonaba absolutamente a macizo. Parecía que no. Sin embargo, dije: hagan un hueco igual a la misma altura. Y, efectivamente, se encontró también otra caja, con otro frasco, y otro frasco pequeño, y abierto el frasco pequeño —que también hubo que romper— apareció otro papel, firmado igualmente Federico González Suárez, diciendo: «Este es el corazón del Presidente Gabriel García Moreno, que he ordenado trasladar a la Iglesia del Buen Pastor». ¿Cuándo? ¿Cómo? No se sabe. La fecha del documento era de 1911.

Con todo esto nos quedamos intrigadísimos. ¿Estaría en la Catedral? En la Catedral no constaba absolutamente que estuviera: las tumbas estaban abiertas, el sitio donde fue enterrado estaba vacío... de tal manera que fue trasladado a otro sitio.

Decidimos insistir en hablar con las monjas de Santa Catalina. Hablando despacio ya nos dieron alguna pista más. Dijeron que las monjas más viejas habían transmitido la tradición de que una noche, cuando eran todavía jóvenes, habían oído algunos ruidos. Se levantaron alarmadas, salieron a ver qué pasaba, y que la priora les ordenó regresar a todas a sus celdas. Al día siguiente les explicó que habían trasladado al Convento los restos de García Moreno, y que estaban «en el sitio donde se guardan las escaleras». Esta era la frase exacta. Pero, ¿dónde se guardan las escaleras? ¿Qué escaleras?

Pensamos que seguramente se tratarían de las escaleras de albañil, las escaleras portátiles que se usaban para colgar los grandes cortinajes, sobre todo en las misas de difuntos. Eran escaleras muy grandes que naturalmente dentro de la Iglesia debían ponerse en algún recoveco, en algún rincón. Viendo la Iglesia llegamos a un pequeño recoveco, un rinconcito, con una puerta pequeña, como de escape para emergencias que da a la calle Flores. Era el lugar menos digno de la Iglesia, nunca se nos habría ocurrido que podrían haberlo enterrado ahí. Ese era el único sitio posible donde se podían guardar las escaleras, aunque lógicamente ya no había escaleras, ni se las guardaba ahí.

Entonces ordenamos que se hiciera una excavación en el piso. Esto era como a las once de la mañana. Excavaron los albañiles, llegaron a una profundidad de como unos tres metros y no había ninguna señal de haber nada, ni de cambiar la contextura del terreno. En fin, parecía todo absolutamente normal, por lo que ordené que se tapara y que ya renunciáramos al asunto, porque parecía que no había nada que hacer, y me fui a almorzar.

Estaba en pleno almuerzo cuando me llama por teléfono la Superiora del Convento, para decirme: «Monseñor, perdónenos que le hemos desobedecido. Ordenamos que todavía excaven un poco más y está sonando a hueco».

Entonces volé inmediatamente. Llamé también al Paco. Nos encontramos allí prácticamente al mismo tiempo. Llegamos y los obreros nos mostraron cómo, efectivamente, se oía que había algo hueco debajo. Cavaron un poco más, quizá hasta llegar a una profundidad de cuatro metros, donde dieron con una gran caja de madera. Era una caja de madera grande que se encontraba en buenas condiciones, porque la tierra estaba muy seca en esa zona, lo que evitaba que se hubiera podrido la madera. Más que un ataúd, era una caja muy grande como de 60 u 80 centímetros de ancho y larga. Tenía en la tapa, puesto con tachuelas: "GM", que podía ser "García Moreno", pero podía ser también muchas otras cosas.

En fin, sacamos la caja y la abrimos. Dentro nos encontramos otra caja de dimensiones más pequeñas, del tamaño de un ataúd, hecha de un metal ordinario que probablemente era cinc. Estaba soldada toda. No se podía abrir fácilmente. Llamamos a un ferretero que podía cortarla y abrirla.

Al abrir la caja de cinc y encontramos, de manera inconfundible, el cuerpo de García Moreno momificado, pero como si se hubiera muerto ayer. Tenía su bigote, su escaso pelo que conservaba a los lados, en las sienes y en la nuca. Estaba elegantemente vestido con uniforme militar, pues le habían dado el grado de General. Bastaba con verle para saber que era García Moreno.

Aparte de eso había también un par de frascos pequeños, parecidos a aquellos que habíamos encontrado. En ellos, de igual modo, encontramos varias fotografías de García Moreno. Entre ellas estaba una fotografía del cuerpo tomada momentos después del asesinato, donde se veía la sangre, las heridas, etc. Otra de los funerales, en que le hicieron sentar al cadáver en un sillón en la Catedral, donde presidió su propio funeral.

A más de esas esas fotografías, encontramos dos relaciones. De una, la más interesante, tengo memoria más clara. Era de un señor Varela que era empleado de la viuda de García Moreno, me parece que era Mariana o Rosa... García Moreno se casó dos veces, primero con la tía y luego con la sobrina, y ya no me acuerdo cuál es cuál. En todo caso, decía este señor Varela que escribía por indicación de la viuda. La viuda contaba que, por orden del Canónico Terrazas, había hecho sacar los restos de García Moreno 48 horas después del fallecimiento. No fue trasladado en 1895, sino dos días después de fallecido. ¿Y por qué el traslado? Porque este Canónico, que había sido enemigo político de García Moreno, y que había recibido alguna represión enérgica del Presidente, le había mandado un mensaje a la viuda diciéndole que en 24 horas saque el cadáver de su marido, porque tenía que hacer unas refacciones en la Cripta. ¡Puro pretexto! Si hubieran tenido que sacar la de él, también hubieran tenido que sacar la de Juan José Flores y la de los obispos de Quito enterrados ahí, de manera que era pura inquina, puro rencor político.

Así fue la cosa. Este señor Varela contaba que fue al Barrio de la Chilena, que es el Barrio de la Merced —por ahí—, y que contrató con el maestro fulano la caja de madera, y con otra persona la caja de metal (no sé si decía expresamente que era de cinc) y que de noche, con gran sigilo, lo trasladaron al Convento. Era, por tanto, falso que lo hubieran trasladado con la alfombra, era falso lo que se decía acerca del traslado en 1895. Fue en agosto de 1875, poco después de la muerte.

Y bueno, como era absolutamente fehaciente la certificación de Varela, la otra certificación que creo era de un médico francés, las fotografías y el testimonio de visu —bastaba verlo: era indiscutiblemente él— entonces cerramos inmediatamente el ataúd, lo hicimos guardar en un sitio adecuado en la Sacristía de la Iglesia, para abrir nuevamente de un modo solemne en presencia del Gobierno, entonces el General Rodríguez Lara, y de los Ministros de Estado. Se invitó a los miembros de la Academia de la Historia y a otras personalidades distinguidas, así como a cuatro médicos legistas para que hicieran un reconocimiento del cadáver. Se pidió a los padres jesuitas, que tenían en el Museo de Cotocollao un pedazo de cráneo que le habían volado de un machetazo, con la certificación del médico francés que decía que la pieza era parte del cráneo de García Moreno.

Todas estas personalidades se reunieron dos o tres días después del descubrimiento. Trasladamos nuevamente a la Iglesia el féretro. Ahí se abrió y había cambiado totalmente. Ya no era la momificación, sino un cadáver que se estaba descomponiendo. Recuerdo, por ejemplo, que se le había caído el bigote. En dos días de estar en contacto con el aire ya comenzó a descomponerse. Pero había la certeza absoluta de todos. Los médicos hicieron el reconocimiento: abrieron la ropa, encontraron los huesos, vieron los golpes que según la descripción del médico había recibido (machetazos sobre todo en los brazos)... La última prueba fue coger el pedazo de cráneo que tenían los jesuitas en Cotocollao y encajar en el hueco que presentaba por el temporal, que embonó perfectamente. De modo que ese rompecabezas fue la prueba definitiva.

Se volvió a cerrar el sarcófago y quedaron en hacer una solemne traslación de los restos el día 6 de agosto de 1975. A los cien años exactos del fallecimiento se hizo un traslado en carroza con caballos, con mucho bombo, a la Iglesia Catedral. Ahí se le colocó provisionalmente en un nicho, donde se puso una tabla de madera (no hubo tiempo para fabricar una losa) que decía: «Aquí están los restos de Gabriel García Moreno». Posteriormente me interesé en que se hiciera una lápida bien hecha de mármol, e incluso les pedí a los padres oblatos de la Basílica que financiaran un monumento, que es el que está en la Cripta, más o menos, sobre el sitio donde están los restos. En la Basílica del Sagrado Corazón se guardan los dos frascos, con los corazones de Checa y Barba y de García Moreno. Los tienen en una Capilla superior, en el segundo piso del Convento, donde está también el cuadro original ante el cual se hizo la Consagración del Ecuador al Sagrado Corazón. También allí están, un poco mal colocadas, dos buenas estatuas yacentes de ambos personajes, que les pedí que hicieran. Así quedaron, debidamente honrados, los restos de este gran Presidente.

BIBLIOGRAFÍA

AA.VV. (s.f.). *Catequesis en América de Josemaría Escrivá de Balaguer*, nº II.

Alesón, S. (5-XI-2013). Entrevista. Ilaloma (Cumbayá): (s.e.).

Aranda, A. (2000). *El bullir de la sangre de Cristo*. Madrid: Rialp.

Artigas, M. (1989). *Filosofía de la ciencia experimental*. Pamplona: Eunsa.

Aspíllaga Pazos, C. (1999). *Libro Conmemorativo de la Universidad de Piura*. Piura: Universidad de Piura.

Ayala Laso, Enrique (2013). Palabras vertidas en la Residencia Ilinizas, que constan en Riofrío, 2013. Quito: (s.e.).

Baquero de la Calle, J. (17-XI-2013). *Entrevista*. Quito (Universidad de Los Hemisferios): (s.e.).

Baquero de la Calle, J. (17-XI-2013). Entrevista. Quito (Universidad de Los Hemisferios): (s.e.).

Belli, P. (1936). *De re militari et bello tractatus*, v. I. Oxford: The Clarendon Press.

Bertelsen Repetto, Raúl (2003). El sentido del trabajo universitario. En Francisca R. Quiroga (ed.), *Trabajo y educación*. Roma: Universidad de la Santa Cruz.

Buenaventura (1981). *Opera omnia*, t. V. Florencia.

Buersmeyer, K. & Shannon, A.G. (1979). Means and Ends and Tinplate Morality. *Unicorn: Journal of the Australian College of Education*, 5, No. 2, págs. 122-128.

Burguera Pérez, F. J. (4-XI-2013). *Entrevista*. Ilaloma (Cumbayá): (s.e.).

Cardona, Carlos (1973). *Metafísica de la opción intelectual*. Madrid: Rialp.

Consejo Nacional de Educación Superior (CONESUP), Resolución RCP-S08-No. 270-03, de 30-IV-2003.

Coronel Jones, César. (23-XI-2013). Entrevista. Guayaquil.

De Isla, José Francisco (1758). *Historia del famoso predicador fray Gerundio de Campazas, alias Zotes*. Madrid: s.e. En Russell P. Sebold (ed.) (1969). *Clásicos españoles*, 2ª ed. Madrid: Espasa Calpe, págs. 148-151.

Decreto 1228 (publicado en el R.O. 629 de 8-VII-1946)

Decreto Ejecutivo 646 (publicado en el Registro Oficial 217 de 5 de mayo).

Del Portillo, Álvaro (1986). *Homenaje a Mons. Josemaría Escrivá de Balaguer*. Pamplona: Universidad de Navarra.

Diario Hoy (15-I-1995). Monseñor Juan Larrea Holguín: "sigo las huellas de mi padre". Recuperado de http://www.explored.com.ec/noticias-ecuador/monsenor-juan-larrea-holguin-sigo-las-huellas-de-mi-padre-20906.html

Diego Ibáñez-Langlois, "Profesores: la tarea docente a la luz del mensaje del Beato Josemaría", en Francisca R. Quiroga (ed.), *Trabajo y educación*, Universidad de la Santa Cruz, Roma 2003, págs. 51-56.

Echevarría, Javier (2000). *Memorias del Beato Josemaría. Entrevista con Salvador Bernal*. Madrid: Rialp.

Enrique D. & Schönmetzer, A. (1963). *Enchiridion Symbolorum et Definitionum*. Friburgo: Herder.

Escrivá de Balaguer, J. (2-III-1954). Carta dirigida a Juan Larrea Holguín, 2-III-1954. Roma: AGP, Sec. A, Leg. 265, Carp. 5; Roma: AGP. Sec. A, Leg. 266, Carp. 1.

Escrivá de Balaguer, Josemaría (1968). *Conversaciones*. México: Rialp Mexicana.

Escrivá de Balaguer, Josemaría (1973). *Es Cristo que pasa*. Madrid: Rialp.

Escrivá de Balaguer, Josemaría (1976). *Camino*. Madrid: Rialp.

Escrivá de Balaguer, Josemaría (1977). *Amigos de Dios*, 2ª ed. Madrid: Rialp.

Escrivá de Balaguer, Josemaría (1987). *Forja*. Madrid: Rialp.

Escrivá de Balaguer, Josemaría (1993). *Josemaría Escrivá de Balaguer y la Universidad*. Pamplona: Eunsa.

Estado del Ecuador (2004). Ley nº 2004-36 de creación de la Universidad de Los Hemisferios, R.O. 345 de 31-V-2004.

Flor Rubianes, J. (21-XI-2013). *Entrevista*. Quito (Alpayana): (s.e.).

Flor Torres, M.E. (31-V-1955). Carta a Juan Larrea Holguín. Quito: (s.e.).

Gómez Colombo, Fidel (s.f.). *Relación*. En A. de Fuenmayor, V. Gómez-Iglesias, J.L. Illanes (1989). *El itinerario jurídico del Opus Dei*. Pamplona 1989.

Herránz, Julián (2007). *En las afueras de Jericó*. Madrid: Rialp.

Ibáñez-Langlois, Diego (2003). Profesores: la tarea docente a la luz del mensaje del Beato Josemaría. En Francisca R. Quiroga (ed.), *Trabajo y educación*. Roma: Universidad de la Santa Cruz.

Juan Pablo II (14-IX-1998). *Encíclica Fides et ratio*. Vaticano: AAS 91 (1999/1) 5-88.

Juan Pablo II (1-II-1985). *Discurso en el Guasmo*. Guayaquil.

Juan Pablo II (30-I-1985). *Discurso en la Plaza de San Francisco de Quito*.

Komives, Elizabeth A. (2003). "Practicing and Teaching Humility and a Spirit of Service in Sience", en Francisca R. Quiroga (ed.),

Trabajo y educación, Universidad de la Santa Cruz, Roma, págs. 163-169.

Larrea Falconi, F. (19-XI-2013). Entrevista. Ilinizas (Quito): (s.e.).

Larrea Holguín, J. & Tobar Donoso, J. (1978). *Derecho constitucional ecuatoriano*. Quito: Corporación de Estudios y Publicaciones.

Larrea Holguín, J. (2007). Dos años en el Ecuador (1952-1954): recuerdos en torno a unas cartas de san Josemaría Escrivá de Balaguer. *Studia et Documenta, 1*, págs. 113-125.

Larrea Holguín, J. *et al.* (2006). Tertulia grabada en audio con Mons. Larrea de 2006 en Iñaquito, Jaime Baquero de la Calle, Carolina Torres Trueba y otros.

Larrea Holguín, Juan I. & Merino Barros, Rodrigo (2004). *Derecho Civil del Ecuador. Las Obligaciones*, volumen XI. Quito: Corporación de Estudios y Publicaciones (CEP).

Larrea Holguín, Juan I. (1954). *La Iglesia y el Estado en el Ecuador*. Sevilla: G.E.H.A. Segunda edición (1988). Quito: Casa de la Cultura Ecuatoriana.

Larrea Holguín, Juan I. (1986). *Doctrina para vivir*. Guayaquil: (s.e.).

Larrea Holguín, Juan I. (1993). *Nuevo Catecismo Universal*. Guayaquil: Justicia y Paz.

Larrea Holguín, Juan I. (1997). *Educación ética y cívica*. Guayaquil: Justicia y Paz.

Larrea Holguín, Juan I. (2000). *Derecho constitucional*, vols. 1 y 2. Quito: CEP.

Larrea Holguín, Juan I. (2008). *Discurso en la Corporación de Estudios y Publicaciones*. Quito: (s.e.).

Larrea Holguín, Juan. (17-II-2002). Hoja autobiográfica. Quito: (s.e.).

Llano, Alejandro (1993). La libertad radical. *Josemaría Escrivá de Balaguer y la Universidad*. Pamplona: Eunsa.

Mantilla Tobar, Jorge (2006). *Libro de Condolencias*. Quito: (s.e.).

Marroquín Yerovi, J. (5-XI-2013). Entrevista. Ilaloma (Cumbayá): (s.e.).

Monaj Abadía, F. (6-XI-2013). Entrevista. Ilinizas (Quito): (s.e.).

Mönckeberg Bruner, J. (20-VII-2013). Albarrada (Guayaquil): (s.e.).

Parducci Sciacaluga, N. (ed.) (2000). *Homenaje a Monseñor Juan Larrea Holguín*. Guayaquil: Edino.

Pérez Camacho, E. (13-XI-2013). Entrevista. Quito (Universidad Andina Simón Bolívar): (s.e.).

Pérez Pimentel, R. (30-IX-2009). *Juan Larrea Holguín*. Guayaquil: Eruditos. Recuperado de http://www.eruditos.net/newsite/index.php?option=com_conte nt&view=article&id=842:larrea-holguin-juan&catid=72:biografias&Itemid=100

Polo Barrena, L. (9.IX.1994). Discurso de la investidura del grado de Doctor *Honoris Causa* en la Universidad de Piura. En AA. VV. (1994). Discursos pronunciados en la investidura del grado de doctor honoris causa. Piura: Universidad de Piura, págs. 39-44.

Polo Barrena, Leonardo (1995). *Introducción a la filosofía.* Pamplona: Eunsa.

Ponz, Francisco (2001). *Principios fundacionales de la Universidad de Navarra.* Pamplona: Eunsa.

Prelatura del Opus Dei (2010). *Experiencias locales (pro manuscrito).* Roma: Colegio Romano de la Santa Cruz.

Ribadeneira Espinosa, Alejandro (25-XI-2013). Entrevista. Quito (Universidad de Los Hemisferios): (s.e.).

Riofrío Martínez-Villalba, J.C. (1998). Entrevista realizada a Mons. Juan Larrea Holguín en su despacho arzobispal, en abril de 1998, para la *revista Más* de mayo de 1998.

Riofrío Martínez-Villalba, J.C. (23-III-2007). Carta de entrega del cuadro a la Universidad de Los Hemisferios.

Riofrío Martínez-Villalba, J.C. (2-XI-2013). Testimonio personal. Quito: (s.e.).

Riofrío Martínez-Villalba, Juan Carlos (2011). ¿Puede la fe aportar algo al derecho? La respuesta de la teología jurídica. *Ruptura 54,* págs. 587-624.

Shannon, Anthony G. (2003). "Unity of Life in University Life", en Francisca R. Quiroga (ed.), *Trabajo y educación,* Universidad de la Santa Cruz, Roma, págs. 171-179.

Testimonio de Juan Larrea Holguín, *Sum.* 6025, recogido en Vázquez de Prada, 2003, pág. 233, nota 102.

Tomas de Aquino (1265-1272). *Suma Teológica.* París-Italia. Traducción de la BAC (2001). *Suma Teológica de Santo Tomás de Aquino,* 4ª ed. Madrid: BAC.

Tomás de Aquino (s.f.). "Consejos de Santo Tomás de Aquino para adquirir el tesoro de la ciencia". *Oraciones.* Traducción y edición de Caldera, R.T. & Casanova, C.A. (1997). Caracas: Editorial ExLibris.

Torres Trueba, C. (20-XI-2013). Entrevista. Quito: (s.e.).

Universidad de Los Hemisferios (9-IV-2009). Estatuto. Quito: Autor.

Vázquez de Prada, A. (2002). *El Fundador del Opus Dei,* t. II. Madrid: Rialp.

Vázquez de Prada, A. (2003). *El Fundador del Opus Dei,* t. III. Madrid: Rialp.

Vázquez Galiano, A. (2009). *Juan Larrea: un rayo de luz sobre fondo gris.* Madrid: Palabra.

Vázquez, Antonio (2009). *Juan Larrea.* Madrid: Palabra.

ÍNDICE